江西通史

——明代卷第三冊

目錄

第七章 ｜ 明代江西的文學藝術與科學技術

第五章 ——

江西士大夫與
明代政治

第一節 ▶「家孔孟而人陽明」

一 明代江西的官學與私學

明代官學、私學與辦學原則

在科舉制盛行的時代，學校教育大抵為科舉的附庸。如《明史・選舉志》所說：「科目為盛，卿相皆由此出，學校則儲才以應科目者。」明代學校有兩種性質，一是官學，由政府出資興辦、派員管理，包括中央的國學即國子監和地方的府、州、縣學以及宗學、武學、內書堂等。府、州、縣學諸生入國學者，乃可得官，不入者不能得。入國子監者，謂之監生。其中，舉人出身者曰舉監，生員曰貢監，品官子弟曰蔭監，捐貲曰例監。同一貢監，有歲貢、選貢、恩貢、納貢之分。同為蔭監，也有官生與恩生兩種。二是私學，由政府提倡、民間集資興辦，或全由民間籌辦，包括社學、義學、家塾及書院等。

明代地方官學的興辦，始於至正十八年初。朱元璋攻下婺州（今浙江金華），恢復金華府學。至洪武二年，各地大規模戰事基本結束，已經是「洪武皇帝」的朱元璋諭令中書省：「朕惟治國以教化為先，教化以學校為本。京師雖有太學，而天下學校未興。宜令郡縣皆立學校，延師儒，授生徒，講論聖道，使人日漸月化，以復先王之舊。」[1]於是全國府州縣大建學校，府學設教授一員、訓導四員，州設學正一員、訓導三員，縣設教諭一員、

1　《明史》卷六九《選舉一》。

訓導二員。宣德十年，命天下衛所皆立儒學。一時間各地教官達四二〇〇餘人，均官給月俸食糧。《明史・選舉志》稱：「蓋無地而不設之學，無人而不納之教。庠聲序音，重規疊矩，無間於下邑荒徼，山陬海涯。此明代學校之盛，唐、宋以來所不及也。」

府州縣學學員通稱生員或諸生，俗稱秀才，有三類，即廩膳生員、增廣生員和附學生員。但學校初設時並無上述區別，各級學校的生員雖然一開始就有定數，但不久即命增廣，且不拘額數。宣德中，定增廣之額：除應天府學六十名外，府學四十名，州學三十名，縣學二十名。增廣既多，於是屬於原額內由政府提供食宿的生員叫「廩膳生員」，此後增額者謂之「增廣生員」。隨著國家承平日久，要求入學讀書者日多，又於額外增取，附於諸生之末，謂之「附學生員」。於是，凡初入學者，都謂之附學，而廩膳、增廣，以歲科兩試等第高者補充。要選入國子監讀書即要想成為「歲貢」監生，必須是老資格的「廩膳」生員。無論年齡多大，只要沒有入官學，又未通過規定的考試為「儒士」者，則均謂之「童生」。

在明代地方儒學教育中，有幾件事值得注意：

一是洪武十五年，頒禁令十二條，命各學校鐫刻在石碑上，作為全國地方儒學辦學的指導方針，這就是所謂的《臥碑》。《臥碑》其實是當時專制主義中央集權政治在地方教育上的反映，如其中規定：在學學生不准討論「軍民一切利病」；但如果地方上有犯上作亂、意圖顛覆政權的，則允許各色人等潛往京師面奏。

二是設立提督風憲官。明初地方學校的教育，通常由地方官

府直接管理。同時，作為中央統一的教育部署，地方學校也通過監察御史（管理京城所在地的儒學）或按察司（管理在外各州縣的儒學）接受中央的督察。明英宗正統元年，令各布政司專設按察司副使或僉事一人、南北直隸專設監察御史一人，專門管理地方學政（學校、民俗等），這就是通常所講的提學官（景泰元年罷，天順六年重設）。提學官的設置，從理論上講，對保證地方學校的有序發展是有作用的。

三是把「興學校」列入地方官的政績考核中。洪武五年十二月，明太祖下令今後對地方官進行政績考核，必須包括「農桑、學校」方面的業績，不遵此令者，黜退為民。這一措施對地方學校的發展應該說有一定的保障作用。

四是加強地方儒學的教學管理。按明制：提學官在任三年內，對所在地的儒學學生進行兩次考試，稱為歲考，分六等區分學生成績並予以相應賞罰。名列一等前列者，如果學校中的廩膳生名額不足，則依次補為廩膳生；二等則補增廣生。一、二等都給予獎賞。三等照舊，四等撻責，五等則廩膳生降為增廣生，增廣生降為附學生，附學生降為青衣（打雜），六等黜放回家。

據《明史・地理志》，全國有府一四〇，州一九三，縣一一三八（羈縻府州縣未記入），那麼廩膳生和增廣生的員額當各為三四〇〇〇餘人，加上附學生員，在校生不下十萬人。[2]依照這

2　按：據顧炎武估計，明末生員約有五十萬。見《顧亭林詩文集》卷一《生員論上》。

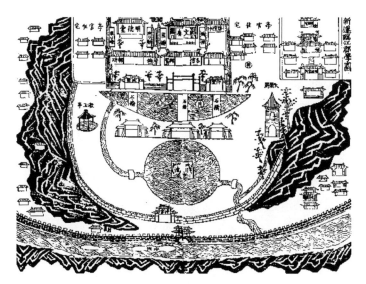

· 臨江郡學圖，隆慶《臨江府志》卷一《輿圖》。

個比例計算，明代江西的在校生當不下六三〇〇人，而實際遠高
於這個數字。

　　明朝除政府出資興辦學校外，也提倡民間辦學。洪武八年令
天下設置社學：各府州縣設立社學，每五十家設一所，並把師生
的名單上報禮部。但這樣嚴重脫離實際理想化的「計劃」性辦學
顯然是行不通的，故數年之後，即令停辦，只讓民間德行高尚的
人，不限地點，不限學生人數，設立學校，每年十月初開學，臘
月終止。洪武十六年，又命民間自行設立社學，地方官不得干
預。正統、天順年間設立提學官，再令地方官創修社學。此後直
至崇禎，各朝都有關於興建社學的命令頒布。但終明一代，社學
基本上游離於國家整體教育部署之外，並且除部分社學由當地政
府撥給一些經費外，學校的經費沒有保障，都是通過捐贈、出租

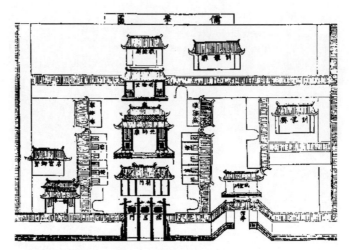

· 瑞金縣儒學圖，嘉靖《瑞金縣誌》。

學校產業等方式獲得。其性質可以說是「官督民辦」。明中期以後，社學已名存實亡。值得提到的是，王守仁任南贛巡撫時，對當時的社學作出了一定的貢獻。他不僅督促地方官民建立社學、聘請教師，並且自己制定社學條規。[3]影響所及，瑞金縣於隆慶四年遷原有養濟院而改建社學。[4]

民辦的鄉間學校，主要還是宗族興辦的義學家塾，對於宗族制度相對完善、宗族力量相對雄厚的江西來說尤其如此。而經濟文化相對發達的南昌、吉安、撫州、袁州、臨江諸府，幾乎所有的家族都有義學家塾，隨著講學之風的普遍，書院成了義學家塾

3 見王守仁：《王陽明全集》，卷二《訓蒙大意示教讀劉伯頌等》、《教約》，卷一七《興舉社學碑》，卷三一《行零都縣建立社學碑》等。
4 康熙《瑞金縣誌》卷三《建設》。

的重要形式，而一些官學也取了書院的名稱。

江西的學校與書院教育

明人王士性對於宋明時期江西書院教育的發展曾經有一段追述：

江右講學之盛始於朱、陸二先生，鵝湖、白鹿，興起斯文。本朝則康齋吳先生與弼、敬齋胡先生居仁、東白張先生元禎、一峰羅先生倫，各立門牆，龍翔鳳起。最後陽明先生發良知之說，左朱右陸。而先生勳名盛在江右，古今儒者有體有用無能過之。故江右又翕然一以良知為宗，弁髦諸前輩講解，其在於今，可謂家孔孟而人陽明矣。第魚目鼠璞，何地無之。後之為陽明之學者，江右以吉水、安福、盱江為盛。[5]

王士性將江西「講學」或者說普及教育的興盛定在兩宋之際，並與書院緊密連繫在一起，是有道理的。而白鹿洞書院和鵝湖書院的名揚天下，實有著廣泛的普及教育為基礎。北宋撫州籍學者吳孝宗《餘干縣學記》云：

古者江南不能與中土等，宋受天命，然後七閩、二浙與江之西東，冠帶《詩》、《書》，翕然大肆。人才之盛，遂甲於天下。江南既為天下甲，而饒（州）人喜事，又甲於江南。蓋饒之為

5　王士性：《廣志繹》，卷四《江南諸省・江西》。

州，壤土肥而養生之物多。其民家富而戶羡，蓄百金者不在富人之列。又當寬平無事之際，而天性好善，為父兄者，以其子與弟不文為咎；為母妻者，以其子與夫不學為辱。[6]

　　說的雖然是饒州府，但「為父兄者以其子與弟不文為咎」、「為母妻者以其子與夫不學為辱」，卻反映了兩宋時期江西經濟文化發達地區的普遍情況。至明代，教育普及之所致，遂使「家孔孟而人陽明」。

　　書院與一般官學的最大區別，在於不以「舉業」為限，便於士大夫闡發修心養性安身立命的學問，而這種學問和學風恰恰在明初受到排斥。在明初興建地方學校和社學的浪潮中，宋元以來留存的書院很多被改建。而因元末戰亂毀壞的書院，也無人修整。其中如白鹿洞書院，在元末被焚後一片蕭條，直到明英宗正統元年才進行了初步修復。成化、弘治以後，書院才逐漸興復。興復的標誌，即是成化元年白鹿洞的全面修葺，招收學生入內讀書，並在後來聘請當時著名的學者胡居仁掌管。[7]隨著貴溪象山書院以及揚州資政書院、長沙岳麓書院的相繼被修復，各地書院進入了發展興旺時期，明代的思想界也進入活躍時期，以王守仁為代表的「心學」，便在這一時期流行於天下，而其中心地區，便是江西。

　　書院的自由講學，不免與政府的意志相左，因此，在嘉靖十

6　洪邁：《容齋隨筆・五筆》，卷四《饒州風俗》。
7　毛德琦：《白鹿書院志》，卷三，《續修四庫全書》本。

七年以及萬曆、天啟年間時，先後發生了三次大規模的禁毀書院的事件。但是，隨毀隨建，書院成了明後期士大夫乃至農工商賈吸收新思想、闡述新觀點的場所。當然，由於受科舉的影響，書院也不免要成為科舉的附庸，出現書院官學化趨勢，一些著名書院的學生還獲得了與府州縣學生員同樣參加科舉的資格。如白鹿洞書院，天啟時有十個參加鄉試的名額，而吉安白鷺洲書院則多達四十二名。

明代江西新建書院共 164 所，其中有具體年代的 148 所，從創辦的時間來看，成化以前的 97 年中僅 17 所，成化至正德的 57 年中為 14 所，而嘉靖一朝的 45 年中為 44 所。從地域分布的情況來看，大體是：南昌 2、新建 10、豐城 3、進賢 3、奉新 2、武寧 1、義寧州 1、高安 6、上高 3、新昌 3、宜春 5、萍鄉 1、萬載 3、清江 5、新淦 2、新喻 2、峽江 2、廬陵 2、泰和 4、吉水 8、永豐 6、安福 5、龍泉 1、萬安 1、永新 3、永寧 1、南豐 2、廣昌 3、上饒 3、弋陽 2、貴溪 2、樂安 4、南城 8、新城 1、南豐 2、廣昌 3、上饒 3、弋陽 2、貴溪 1、鉛山 1、興安 2、鄱陽 7、余干 1、樂平 1、浮梁 1、德興 3、安仁 3、星子 2、都昌 1、建昌 2、德化 3、德安 1、瑞昌 1、湖口 3、大余 1、南康 1、贛縣 1、於都 2、信豐 1、興國 2、會昌 3、安遠 2、長寧 1、瑞金 1、石城 1、上猶 1。[8]也就是說，從現有的記載來看，除了分宜、東鄉、資溪、玉山、廣豐、萬年、安義、彭澤、崇義、龍

8　光緒《江西通志》卷七〇《學校》。

南、寧都州外，其餘各縣在宋元時期的基礎上，都興辦了書院。但即使是分宜、東鄉等縣，也應該是記載的缺失或作者的疏忽而並非沒有書院的出現。

明代江西書院的一個重要特徵是：在書院嚴重官學化的情況下，書院仍多由私人創辦，進行自由講學。有記載的明代江西私家書院（包括民間公建書院）為一〇三所，其中南昌府十八所，瑞州府十所，吉安府二十三所，九江府、臨江府各二所，建昌府十三所，廣信府、袁州府、饒州府、撫州府各七所，南康府三所，贛州府四所。除了宋代創辦的白鹿洞、鵝湖、白鷺洲、蓮溪、華林、濂山、濂溪、宗濂、興魯書院和元代創辦的文昌、浮雲、青田等書院外，在明代新創辦的書院中，以復古、雲興、雲邱、明德、雯峰等書院最為著名，它們在全國也有一定的影響。

復古書院在安福縣城南門外，江右王門弟子鄒守益、劉邦采、劉陽等與知縣程文德於嘉靖十五年創辦，為講會式書院。四十一年，尹一仁、劉陽修書院志；隆慶六年知縣李忱建尊經閣，並祀王守仁、程文德、鄒守益三先生；萬曆七年，張居正毀天下書院，復古書院易名三賢祠；十二年，知府余知楨、知縣閔世翔建二賢祠於對茂堂左，祀劉文敏、劉肇袞，又建過化祠於尊經閣東，徙建二賢祠於尊經閣西，改名同德堂；三十一年，知縣潘睿重修，增置田畝；三十三年續修書院志，鄒德泳序；天啟五年，魏忠賢再毀書院，改為勳賢祠，明末毀於兵。[9]

9　同治《安福縣誌》卷五《學校志・書院》。

雲興書院在萬安縣北門外，嘉靖二十七年錢德洪倡，朱衡、劉道等王門後學建。明德書院在南城，是羅汝芳講學之地。羅源書院在南昌，羅洪先題額，嘉靖間萬廷言建，與鄧以贊、李材、章潢、王時槐、鄧元錫等講學。雲邱書院在永豐三都，為聶豹講學之所。雯峰書院位於廣昌縣甘竹鎮，明代史學家、教育家饒秉鑑[10]於成化六年所建；羅倫經常寓居於此，授課講學，並撰《雯峰書院記》。

上述各類學校引來四方學者學子，培養了大量政治與理學方面的人才。

二　明代江西的科舉之風

生存環境與江西的科舉之風

江西與科舉考試有特別的因緣。在科舉考試推行之前，江西在全國無甚影響，著名人物也寥寥無幾。丁文江對二十四史辟有列傳的歷史人物按籍貫統計[11]，江西在西漢只有一人入傳，東漢也僅有兩人入傳，屬全國倒數幾名。江西人才興盛始於唐代，既與全國經濟重心的南移有關，也與科舉制度的形成與發展達成了某種契合。唐代江西有六十四人中進士，新、舊《唐書》中入傳

10　饒秉鑑（1413-1486），字憲章，號雯峰，正統九年（1444）舉人，景泰三年（1452）為肇慶同知，成化元年（1465 年）被任為廉州（今廣西合浦）知府。因得罪朝中權貴，遭誣陷去職。罷官回鄉後，創辦雯峰書院。授業之餘，著有《春秋提要》一卷和《春秋會傳》十五卷，均收入《四庫全書》。

11　丁文江：《歷史人物與地理的關係》，《科學》第八卷，一九二二年。

人物在全國的比重開始升至中游水平。自唐代袁州盧肇中狀元之後，江西逐步成為中國的科舉大省和強省，入宋，江西人文勃興，科甲連綿。據光緒《江西通志》記載，宋代江西共有五四四二名進士（按：包括州進士），居於全國前列。至明代，科舉更是興盛發達，成為令人注目並引發爭議的社會現象。

張瀚《松窗夢語》說：

（江西）東西南三面距山，背沿漢、江，實為吳、楚、閩、越之交，古南昌為都會。地產窄而生齒繁，人無積聚，質勤苦而多貧，多設智巧，挾技藝以經營四方，至老死不歸，故其人內嗇而外侈。……九江據上流，人趨市利。南、饒、廣信，阜裕勝於建、袁，以多行賈。而瑞、臨、吉安，尤稱富足。南、贛谷林深邃，實商賈入粵之要區也。[12]

在這裡，張瀚提出了他對江西的生存環境的認識：「地產窄而生齒繁。」由此而產生了江西人的兩大特點：貧苦勤儉、棄農經商。王士性《廣志繹》卷四《江南諸省・江西》也說到同樣的看法：

江右俗力本務嗇，其性習勤儉而安簡樸。蓋為齒繁土瘠，其人皆有愁苦之思焉。又其俗善積蓄，技業人歸，計妻孥幾口之

---

12 張瀚：《松窗夢語》，卷四《商賈紀》。

家，歲用穀粟幾多，解囊中裝糴入之，必取足費，家無困廩，則床頭瓶甌無非菽粟者，余則以治縫浣、了徵輸，絕不作鮮衣怒馬、燕宴戲劇之用。即囊無資斧者，且暫逋親鄰，計足糊家人口，則十餘日，而男子又告行矣。以故大荒無飢民，遊子無內顧。

由於田少人多，致使勤勞簡樸成為風尚；為了養家活口、改變貧困處境，所以外出經商，以末補本；而且「大荒無飢民、遊子無內顧」。但勤勞簡樸、棄農經商兩大特點尚不能全面反映明清時期江西的情況。明景泰時，陳循提出了江西因人多田少而產生的第三個特點：為了改變生存條件，並且有唐、宋以來的傳統，所以習經史、應科舉成為風氣。他說：

江西及浙江、福建等處，自昔四民之中，其為士者有人，而臣江西頗多。江西各府，而臣吉安府又獨盛。蓋因地狹人眾，為農則無田，為商則無貲，為工則恥卑其門地，是以世代務習經史，父子叔侄兄弟族姻自相為師友，十常二三。[13]

因此，對於許多江西家庭來說，他們「為農則無田，為商則無貲，為工則恥卑其門第」，「萬般皆下品，唯有讀書高」只是反映了事情的表象，而實際上科舉首先是一種生存之道，是一種

---

13 《明英宗實錄》卷二六八，景泰七年七月丙申。

體面的脫貧致富之路。

同時，科舉制度作為古代選拔人才的一種重要手段，明朝統治者對此十分重視。明制，科目為盛，卿相皆由此出。早在洪武三年朱元璋即頒發詔令：「自今年八月始，特設科舉，務取明經行修、博通古今、名實相稱者，朕將親策於廷，第其高下而任之以官。使中外文臣皆由科舉而進，非科舉者毋得與官。」[14]此後科舉雖一度停開，但到洪武十五年又下令復設，十七年定科舉之式，命禮部頒行各省，每三年舉行一次，遂以為永制。薦舉盛於國初，永樂以後，專用科目，群趨甲科，進士成為「國家取人才第一路」。讀書→科舉→入仕→特權，「書中自有黃金屋，書中自有顏如玉」，「學而優則仕」帶來的種種特權、利益與地位，無疑是明代江西乃至全國士子熱衷科舉的動力。

由於江西地區社會經濟和文化教育的發展，加之地狹人眾的社會環境問題日益突出，在統治者的提倡下，明代江西的科第在唐宋的基礎上又有了長足的進步。科考的魅力和影響，不僅僅在於取士選官本身，而且遍及社會的各個層面，也滲透到了民風士習之中。這種狀況使得江西的文化普及程度較其他地區要高得多，並且造成了幾個文化中心。一在吉安，吉安在宋代已有「文章節義之邦」的美稱，入明之後，文風仍盛。二在撫州，撫州自北宋產生晏殊、晏幾道父子及王安石以來，便稱「才子之鄉」，明代既有湯顯祖領袖曲界，又有艾南英、羅萬藻、陳際泰、章世

14　《明史》卷七〇《選舉二》。

純等人激揚文字。三在南昌。南昌既是省城，又有寧王朱權徙封於此，戲曲文章，相互唱和，也算是人文薈萃。[15]

習經史、應科舉的業儒之風

據各府、縣誌《風俗》卷記載，明代南昌府「市井多儒雅之風」，吉安府「環吉水百里之疆多業儒」，廣信府「下逮田野小民生理裁足，皆知以課子孫讀書為事」，撫州府「貧者勤力作、習工藝，而所重者為習儒。審其所重，其知科目所由盛之故乎」，等等。業儒之風具體表現為勵學苦讀、督課勸學及褒獎旌揚等。

激烈殘酷的科場競爭，需要士子為此付出汗水、心血甚至生命。這些士人寒窗苦讀，出入科場，雖頭白身衰仍矢志不渝。如《明史》記載，泰和劉崧「家貧力學，寒無爐火，手皸裂，而抄錄不輟」；安福李時勉，「冬寒時以衾裹足納桶中，誦讀不已」[16]。南昌劉奇，「（讀書）嘗夜分不寐，隆冬以桶注草灰溫其足，故學頗賅博，善屬文」[17]。泰和陳孟京自小嗜學，「旦暮自任，負以養其祖與其母，手一捲未嘗釋也。遇明儒碩師，輒挾所業往請益。弱冠稍出，教授愈自刻礪，口誦手錄，窮晝夜不廢，一時同儕強記多識者不能及也」[18]。吉水望族鄒氏鄒宜升，「其

15　參見方志遠：《明代城市與市民文學》，中華書局二〇〇四年版，第73-75頁。

16　《明史》卷一三七《劉崧傳》；卷一六三《李時勉傳》。

17　萬曆《新修南昌府志》卷十九《人物傳》。

18　楊士奇：《東里續集》，卷二八《陳孟京墓誌銘》。

居書田者數世矣，至宜升兄弟始徙居歷山，築室買田，家益饒裕，尤嗜學不怠。嘗辟一軒，而名之曰雞曙，所以示學勤勵以警懈惰也」[19]。這些都是經過勤學苦讀而功成名就的事例，事實上，明代江西還有不少甚至更多的是雖勤學苦習卻一無所成者。他們屢試屢敗，屢敗屢試，仍舊初衷不改，甚至有終身不售，竟以死踐之者。如鄱陽陳一湛，「持躬和厚，文名籍甚，後累試不售，齎志以死」[20]。

不僅士子本人對科舉寒窗苦讀、鍥而不捨，其家人族人也督課勸學。泰和楊士奇在朝為官，仍念念不忘家族教化。他在寫給侄兒的八條家訓中，第一條便是：「須訪求有德有學之人為師，以教子侄，擇其資質穎悟者教之以治經，次者教之讀書講解習詩文雜學，必皆教之正心修身事親處人之道為本。」[21]在給家人的書信中他還多次提到「須勤力教子，習儒業不可失墜」。「教子侄務讀書，以承世業，是一切要事。」[22]「各房皆教子孫讀書為儒者，然後可以撐門戶，不失祖業。此是第一件事，勉之勉之。」[23]有父教子讀者，如分宜嚴嵩五歲即入私塾，其父嚴淮「惟教此子，他不足計也」，乃至「躬自督課，不輟寒暑，延經師屬生徒，隆禮而優餼之，異書厚直購之，至傾其資弗計」。嚴淮還

19　金幼孜：《金文靖朱》，卷八《雞曙軒記》。
20　同治《饒州府志》卷三二《軼事》。
21　楊士奇：《東里續集》，卷五三《訓旅鵑良稷》。
22　楊士奇：《東里續集》，卷五一《示鵠侄書》。
23　楊士奇：《東里續集》，卷五三《與東城諸侄侄孫》。

告誡嚴嵩：「世人務殖田以遺子孫，吾唯一經。」[24]有母教子讀者，如吉水周述，其父周子正早逝，其母朱氏「居孀有禮，撫育諸子皆勉之問學而悉力以資之。」永樂二年，周述高中一甲二名賜榜眼，授翰林編修，「鄉人榮之，而皆曰：『非此母，安有此子？』」[25]貴溪劉子欽之母曾氏自丈夫劉秉道去世後，「以教其子不墜其夫為務，嘗取秉所遺書示諸子曰：『是爾父所用起家者，奈何不勉？』諸子就外傅，歸，輒案其所誦習。稍不習，即怒曰：『是將墜其先人者矣』。諸子懼不敢怠，及長皆明，為鄉塾師。子欽選永樂九年江西鄉試第一，三年廷試，賜進士出身，授翰林庶吉士」[26]。有妻勸夫讀者，如監察御史、高安朱實昌妻姚氏，「尤能相勉以勤於學，夜讀宿膏火進飲啜有常度」。後朱實昌進士及第，先後任旌德、海鹽知縣、山東道御史、蘇松巡按等職。[27]又如南昌胡承烈妻楊氏，當「公下第，輒相慰藉」，開導說，「士患不學，不患無名……人定當勝天耳」，鼓勵丈夫不要灰心喪氣，只要持之以恆，必能金榜題名。[28]有兄助弟學者，如吉水人周憲「總角失怙，與兄業儒。弟才數歲，母寡居不給」，在這種母窮弟幼、家境困苦的情況下，周憲作出自我犧牲，棄儒從商，「獨力走楚之漢川，貸人子母錢，居奇化滯。久之，諸困

24　同治《分宜縣誌》卷九《藝文》。
25　楊士奇：《東里續集》，卷四〇《周母朱孺人墓誌銘》。
26　楊士奇：《東里續集》，卷四〇《劉母曾孺人墓誌銘》。
27　陳柏泉：《江西出土墓誌選編》，江西教育出版社一九九一年版，第332頁。
28　陳柏泉：《江西出土墓誌選編》，第332、444頁。

漸舒，弟得率儒業」[29]。

明代江西社會對參加科舉考試的士子和及第者有褒獎旌揚的風氣，這在家族中體現得尤為明顯。家族對參加科舉考試的族人予以經濟資助，對「學成名就」者更是獎賞豐厚，不僅有物質上的獎勵，而且還有精神上的旌表頌揚。明代的「揭竿」習俗（用以揭竿樹旗的石頭，稱「旗桿石」）便是此風氣影響下的產物。官府及民間還為科舉中式者建豎旌匾樓坊，以示鼓勵與褒揚。如南昌縣立於明代的僅「進士坊」就有七座，其他還有「解元坊」、「兄弟翰林坊」、「一門科甲坊」等。至今江西許多古村落，如有「千古一村」之稱的樂安縣流坑村，還保留著如狀元樓、五桂坊、文武魁元坊、步蟾坊、旗桿石等各種紀念性建築。

既然科舉可以改變一個人、一個家庭、一個家族的命運，而且是進入官場的唯一途徑，那麼，科舉自然成為讀書人的奔競目標，也就自然有人以幫助他人應試為職業。江西在明代既以科舉大省享譽海內，所以，科舉時文及其作者大量產生於江西也就不足為怪了。

《明史·選舉二》：「科目者，沿唐、宋之舊，而稍變其試士之法，專取四子書及《易》、《書》、《詩》、《春秋》、《禮記》五經命題試士，蓋太祖與劉基所定。其文略仿宋經義，然代古人語氣為之，體用排偶，謂之八股，通謂之制義。」由於八股文成為官方所規定的科舉應試文體，一般文士如果想通過科舉，躋身仕

29　羅洪先：《念庵集》，一十六《董岑周君松岡墓誌銘》。

・江西樂安縣流坑村狀元樓（右下為狀元樓前廊）
始建於南宋年間，為紀念該村也是樂安縣唯一一位狀元
董德元而建，後代歷有修葺。現存建築為晚清重修之
物，但平面布局仍依舊制。

宦的行列，勢必要對這種應試程文苦苦研習。這就造成了明代八
股文的流行。明清「八股文」的名稱最為繁多，如八比、時文、
時藝、時義、制藝、經義、制義、四書文等。清乾隆元年官方所
編科舉教科書《欽定四書文》共收錄明永樂以後的作者一五一
人、文章四八六篇。可以確定籍貫的作者有一三二人，收錄作品
四五五篇，按人數多少排列，各省的次序是：南直（56人、220
篇）、浙江（24人、63篇）、江西（21人、128篇）、湖廣（12
人、20篇）、福建（9人、10篇）、北直（3人、6篇）、廣東（3

人、3篇）、山西（2人、3篇）、陝西（2人、2篇）。[30]南直、浙江、江西三省排列在前，與當地深厚的科舉基礎直接相關。在俞長城《可儀堂一百二十名家制義》中，宋代七家，江西占其五。明代九十三家，江西有羅倫、鄒守益、羅洪先、湯顯祖、陳際泰、羅萬藻、章世純、艾南英等十餘家，他們才高名大，在科場享有盛譽。

科舉心理與風俗信仰

科舉考試給士子帶來希望、光明和幸福的同時，也給他們帶來了無盡的煩惱、苦悶和痛苦。在激烈的科場競爭和這種矛盾心理的作用下，人們容易相信有某種神祕的、超人的力量在左右科舉與命運，於是種種風俗信仰如夢兆、風水、命相、因果報應等便與科舉制度相伴而生，構成了科舉文化中獨特的一面。

「日有所思，夜有所夢」，科舉夢正是士子們的強烈願望和迫切心情的一種表達和暗示。科舉夢不僅夢例數量多，而且構夢方式五花八門。有的夢昭示科考成功、仕途順暢，此類夢最普遍。如泰和人曾迴：「當大比之秋，夢抱一小兒，忽見此人右邊又生一耳。少頃，見此兒無兩手，以為不祥，語其兄進。進曰：『又添一耳，耳邊添又，是取字。小兒無兩手，是了字，考官必取了，余中之兆也。』已而，果然。」[31]這是臨考前士子的一種心理作用，其希冀成功、渴望中舉的急切心情躍然於紙上。而許

30　據《欽定四書文》，《四庫全書總目》卷一九〇。
31　尹直・《弈齋瑣綴錄》，卷七。

多科舉夢的主人公並不是如曾迴之類臨考士子，而是始入府縣學校的生徒。如金溪徐瓊剛入縣學讀書，該縣教官就夢見邑人、前禮部尚書王英抵達縣學。第二天，教官鄭重其事地對徐瓊說：「子勉之，西王（王英）先生事蹟將於子乎在。」後來徐瓊果入翰林，亦官至禮部尚書且聲望等高，教官之夢果符。[32]

有的夢鬼神顯靈，託言相告，以助其科考成功。較典型的是徐芳《懸榻編》記載的贛州司言貫的故事，其記載詳盡，敘述生動，人物刻劃逼真，茲錄其文如下：

萬曆中，贛州孝廉司言貫者元日夢亡祖告曰：「冥曹考校文，行當及子矣，然有軋之者，入省宜以厚幣饋臬司某胥，囑其填榜時聞唱八十三名司某姓名，即振穎疾書，勿滯呼吸。」孝廉異而識之。比秋入省，詢臬，書中果有某生。飾篚往拜，且以夢告。胥笑曰：「謬矣，舊例填榜是藩胥為政」。生曰：「雖然，姑識之。」委幣而去。無何，僉寫榜吏。時按察司性卞偒，與藩司忤，爭於監臨御史，於兩司中各取數人，胥入選。至期，聞唱八十三名司言貫，即振筆一揮。主司遽曰：「止。」胥曰：「書矣，姓名皆訖。」主司曰：「數也。」蓋時有副卷頗佳，欲更之。拆視卷姓周似，但書一司則可改而為周，今書名，無及矣。生往謝，胥具言闈中事。然而名次前定矣，寫榜吏亦前定矣。[33]

32　尹直：《謇齋瑣綴錄》，卷七。
33　同治《贛縣誌》卷五四《軼事》。

又如地方誌記載的傳聞：正統丁卯春，貴溪儒林坊土地祠連續三個晚上傳出喊聲：「劉洙中解元。」當年江西鄉試，劉洙果然高列榜首。於是人們都說土地神的預言應驗。[34]

還有的夢認為名字即命運，好的名字會有好的命運。如瑞州府新昌人鄒維連出生前，其祖父祖母一同夢見鄉賢顯達鄔連至其家。夢醒不久，鄒維連便呱呱墜地，因而取名為「維連」。「維連」，「繼連」之意也，即成為鄔連的第二，日後能像鄔連一樣當大官。後來，鄒維連「為名宦，官至侍郎，夢果驗」[35]。

科舉夢數量多而且內容豐富，它的出現很早就引起了人們的注意。明朝初年，大學士宋濂對此有過記述並做出過解釋。他記載了明朝開科後第一位狀元、江西金溪人吳伯宗所說的一個故事：「庚戌之夏五月二十二日，臨川通判王黻夢城中作樂迎狀元，黻甚訝之。二十五日，忽聞使者來頒科舉之詔。某年秋，伯宗濫充江西鄉試第一，眾已謂與夢葉。至廷對日，復擢置榜首，鄉里至今以為美談。」宋濂原本對此類夢寐只是「甚而異之」，並不相信，「今聞吳君（伯宗）之言，其有不可信者乎？姑書之，以見人囿氣化中誠有一定之命，不可以智求，不可以計免也，自修之外，一聽於天命而已」[36]。宋濂對夢兆科舉成功之事由不信到半信半疑，最後發展到深信不疑。這一態度的轉變，恰

34　同治《貴溪縣誌》卷一四《軼事》。

35　同治《瑞州府志》卷二四《軼事》。按：鄒維連因「杭魏閹，拒逆黨」而「坐謫戍」，見於《明史》卷二三五《鄒維連傳》。

36　焦竑：《玉堂叢語》，卷六。

恰說明了當時科舉夢兆現象之普遍，人們見怪不怪，習以為常，並且深受影響。

　　明代江西民間信卜，也有不少人善卜。明代大學士、泰和尹直曾因卜測其弟鄉試應考情況而親自參與過占卜，並詳細記載了這次占卜活動的全過程：

　　成化甲午秋八月二十六日戊申，予計江西鄉試當以是日揭曉，第未審嘉言弟中否，因命卜者占之。初，內卦得離九三，白虎發。竊意五爻坐青龍，若再發，則是龍虎榜動，有中之兆。至是，爻果發。蓋外卦得坤，明夷卦也。二爻發者，皆兄弟。《海底眼》云：「兄弟雷同難上榜。」卜者囁嚅不敢決。予曰：「予意已卜之。」蓋予以兄問弟，弟發者，弟當動而來，況在龍虎爻，龍虎榜動也，一中何疑？予即批卦揭諸壁以俟。九月晦，小錄至京，嘉言果有名矣。然而占書豈可泥哉！《書》曰：「朕志先定，昆命元龜」。但今之卜非古法，而以後天甲子為斷例。然在人之志意，固自有定，兆而能審於推測者，亦幾何哉！[37]

　　雖然尹直本人對占卜半信半疑，但他卻還是採用占卜這種方術來卜測科考結果。這種認識與行為的自相矛盾可以說是科舉時代的普遍現象。

　　「善有善報，惡有惡報。」做好事、積善者及第，這是明代

37　焦竑：《玉堂叢語》，卷七。

江西民間社會科舉與因果報應觀念表現之一。據張岱《快園道古》記載，天順八年，吉水彭教赴京會試，旅途投宿某店，樓上倒水，一枚金釧隨水落下，被彭教的書僮拾得，並未聲張。走了十多天，盤纏將盡，書僮獻出金釧，說明原委，想以此抵充川資。彭教大驚，命書僮立即返回把金釧交還失主。書僮為難，說往返費時，耽誤考試。彭教說考試事小，人命事大。金釧乃女子之物，失去它必引起他人疑心，將鬧出人命，金釧不可不還。書僮只得從命。果然，失主是一女子，金釧丟失受辱正要自盡，金釧送到，救了她一命，彭教卻因此延誤了考期。然而，「塞翁失馬，焉知禍福」，這年會試貢院發生大火，彭教因誤考而倖免於難。於是延期複試，彭教考中，及至廷試，竟狀元及第。**38**

　　無獨有偶，江西永豐羅倫行善亦得善報。據呂相變《科場異聞》載，成化二年，羅倫赴京會試途中，僕人在旅店拾到一枚金釧。走了一些日子，他們的盤纏快用完了，羅倫正在發愁，僕人拿出拾到的金釧，羅倫非常吃驚，堅持要親自送還。僕人提醒他不要因此誤了考期，羅倫耐心地說，掉金釧的人可能是個丫環，主人發現後肯定要拷問，弄不好要鬧出人命。寧願誤考，也不能誤人性命。他們返回旅店，找到了失主。這戶人家的主婦正在責打丫環，丈夫則問罪主婦，主婦急得想上吊。羅倫送來金釧，真相大白，避免了一場悲劇。等羅倫急匆匆趕到京城，離會試僅剩幾天的時間了。考試結果一公布，羅倫高中狀元。

38　張岱：《快園道古》，卷一《盛德部》。

比較這兩則故事，不難發現其中的異曲同工之妙，或有民間傳聞相互抄襲之嫌，其所述人物相似、內容情節雷同。然而，不管故事本身真實與否，它反映了明代江西及當時整個社會對這種因果報應觀念的普遍認同。

「善有善報，惡有惡報，不是不報，時候未到。」即使行善者自己沒有得到報答，必補償給子孫，恩澤後代。如吉水舉人劉龍山任平樂縣知縣，夜夢有神告訴他：「此時正好行善。」時平樂縣正鬧饑荒，飢民們聚眾哄搶官糧。官府認為這是謀反，參與搶糧的幾百人都應處死。劉龍山堅決反對：「民飢，犯死以求生，官弗賑民，何尤焉？」於是僅懲處其首惡數人，其餘人皆無罪釋免。後又遇一獄，牽連數十人，已定死罪，龍山宥之，謂：「殺固可得顯官，不則罷職，寧罷去。」劉龍山的行為得到妻子的贊同，於是罷官而歸。舟行水次，夢神贈玉笱三枚，後其孫應秋先後中解元、探花，應秋之子同升中狀元，「竟與夢符」[39]。

三　明代江西的舉人與進士

兩宋元明時期，特別是明代前期，江西的科舉令天下士人眼熱心跳。

洪武十七年，經過十來年的醞釀，明太祖公布「科舉成

39　順治《吉安府志》卷五三《雜記》。視劉應秋，萬曆十一年（1583）癸未科一甲第三名，賜探花；劉同升，崇禎十年（1637）丁丑科一甲第一名，賜狀元。

式」，決定從十八年開始，重開科舉。永樂以後，專重科目，而科舉中又尤重甲科進士。科舉每三年舉行一次，分鄉試、會試、殿試三級進行。[40]鄉試又稱大比，以諸生試之各省省城，定在子、卯、午、酉年秋八月進行，故又稱「秋闈」，中式者為舉人，第一為解元。次年即丑、辰、未、戌年春二月，以舉人試之京師，曰會試，又稱「春闈」。考場設在禮部，也稱「貢院」。參加會試者均為鄉試錄取的舉人，中式者稱貢士，第一為會元。由於會試的錄取名額和殿試等額，故貢士實際上已是進士，所差的只是「欽賜」而已。[41]關於會試的錄取名額，《明會典》有如下記述：「會試中式無定額。大約國初以百名為率，間有增損，多者如洪武十八年、永樂三年，俱四百七十二名，永樂十三年三百五十名，少者如洪武二十四年三十一名，三十年五十二名。成化以後，以三百名為率，多者如正德九年、嘉靖二年、三十二年、四十四年、隆慶二年、五年，俱四百名，少者如成化五年、八年，俱二百五十名。各科三百名之外，或增二十名，或五十名，俱臨時欽定。」[42]會試出榜後的兩三天，即三月初一日，為殿試日，從成化八年開始，殿試推遲到三月十五日舉行。[43]會試中試的貢士均參加殿試，天子親策於廷，曰廷試，亦曰殿試，所

40　萬曆《明會典》卷七七《禮部・科舉》，《明史》卷七十《選舉二》。
41　一個例外是洪武二十一年策試進士即斥落三人，見《明太祖實錄》卷一八九。
42　萬曆《明會典》卷七七《禮部・科舉》。
43　朱國楨：《湧幢小品》，卷七《殿試改期》。

有貢士都是天子門生。取錄結果分一、二、三甲，一甲三人，曰狀元、榜眼、探花，賜進士及第；二甲若干人，賜進士出身；三甲若干人，賜同進士出身。

江西的舉人及其在全國的地位

各省鄉試錄取名額是由中央統一規定的。整個明代，舉人的名額作過幾次較大的調整，總的趨勢是逐漸增加，並根據各省的具體情況有所變動。表 5-1 是明政府所定的各省鄉試舉人名額變化的情況。

· 表 5-1 明代鄉試名額分省變化表[44]

年代 / 直省	洪武三年	洪熙元年	宣德四年	宣德七年	正統五年	景泰四年	成化三年	成化十年	弘治七年	嘉靖十四年	嘉靖十九年	嘉靖二十五年	萬曆元年
南直	100	80	80	80	100	135	135	135	135	135	135	135	135
北直	40	50	50	80	100	135	135	135	135	135	135	135	135
浙江	40	45	45	45	60	90	90	90	90	90	90	90	90
江西	40	50	50	50	65	95	95	95	95	95	95	95	95
福建	40	45	45	45	60	90	90	90	90	90	85	85	85
湖廣	40	40	40	40	55	85	85	85	85	85	85	85	85
山東	40	30	30	30	45	75	75	75	75	75	75	75	75

44　萬曆《明會典》卷七七《禮部・科舉》。按：北直隸洪武時為北平，雲南嘉靖十一年以前含貴州。

年代 直省	洪武三年	洪熙元年	宣德四年	宣德七年	正統五年	景泰四年	成化三年	成化十年	弘治七年	嘉靖十四年	嘉靖十九年	嘉靖二十五年	萬曆元年
山西	40	30	30	30	40	65	65	65	65	65	65	65	65
河南	40	35	35	35	50	80	80	80	80	80	80	80	80
廣東	25	40	40	40	50	75	75	75	75	75	75	75	75
廣西	25	20	20	20	30	55	55	55	55	55	55	55	55
陝西	40	30	30	30	40	65	65	65	70	70	70	70	70
四川		35	35	35	45	70	70	70	70	70	70	70	70
雲南		10	15	15	20	30	40	45	50	40	40	40	45
貴州										25	25	30	30
交		10											
合計	510	550	545	575	740	1145	1155	1160	1165	1180	1175	1180	1185

　　這種變化與差異，固然是明廷為了適應統治的需要，也是社會經濟和文化發展的必然結果。從明前期開始，江西的乙科舉人數量就處於全國前茅。洪武時，江西的鄉試舉人員額與北直隸（時為北平布政司）、浙江、福建、湖廣、山東、山西、河南、陝西一樣，都是四十名。永樂年間在內閣解縉、胡廣（均為吉安府吉水縣人）及楊士奇等人的作用下，江西的科舉考試出現了極盛的勢頭。至洪熙，形成了由楊士奇、楊榮、金幼孜組成並以楊士奇為首的較為穩定的內閣。三人中，楊士奇是江西吉安府泰和縣人，金幼孜是江西臨江府新淦縣人，楊榮是福建建寧府建安縣人。因此，在洪熙元年重定鄉試員額時，鑑於洪武、建文、永樂

三朝各地舉子的多寡和成績的優劣，提高南、北直隸地位的同時，出現了有利於南方士人特別是江西士人的變化：浙江、福建各增加了 5 名，為 45 名；廣東增加 15 名，與湖廣同為 40 名；河南減少了 5 名，山東、山西、陝西各減少 10 名，分別為 35 名和 30 名；江西和已是京師所在地的北直一樣，都增加了 10 名，為 50 名，由此確立了江西的鄉試員額位居十三布政司首位的格局。江、浙、閩三省均為科舉大省，但浙江名額此後一直比江西少 5 名，福建在嘉靖十九年之後，更少 10 名。正統時定：「南北直隸以百名，江西六十五名，他省又自五而殺，至雲南廿名為最少。」[45]景泰時各省舉人名額都有大幅度增加，此後江西欽定的舉人錄取名額穩居全國第三，僅次於南北直隸。而參與南直隸應天府鄉試的，不僅僅有今江蘇、安徽二省的讀書人，還有南京國子監的監生；參與北直隸順天府鄉試的，也包含著今北京、天津、河北的讀書人和北京國子監的監生。而不少江西士子則是以南、北二國子監監生身分參與南、北二直隸鄉試的，也就是說，江西士子中的一些人並不占江西的舉人名額，而是在南、北二直隸的鄉試中爭取名額。

據光緒《江西通志‧選舉表》的統計，有明一代 276 年間，江西共考中舉人 10466 名，其中南昌府 2294 名，瑞州府 352 名，袁州府 207 名，臨江府 578 名，吉安府 3182 名，撫州府 995 名，建昌府 505 名，廣信府 734 名，饒州府 875 名，南康府

45　《明史》卷七〇《選舉二》。

217 名，九江府 225 名，南安府 84 名，贛州府 198 名（含清代為直隸州的寧都州），而以吉安、南昌二府最多，二府合計的舉人占全省的 52.42%。若與全國總額相比，江西占十分之一強。這是一個了不起的數字，因為從行政區劃上來看，江西不過是全國（兩個直隸和十三布政使司）的十五分之一，而吉安更是全國 400 多個府的一個。

明代的江西進士及其分布與特點

舉人多即有資格參加會試的人數多，進士自然也就多。明代江西的甲科進士，不僅在數量上，而且在名次上也長期居於全國前列，並創造了科舉史與政治史上的奇蹟。

據《明清進士題名碑錄》（台灣華文書局 1969 年版）統計[46]，自洪武四年到崇禎十六年的 273 年間，明朝共舉行過 89 次科舉考試[47]，共錄取進士 24898 人，其中江西產生 2728 人，占 10.96%。但從各個時代來看，明代江西進士在全國的比例是盛極而衰，逐漸下降。大致可以分為以下三個階段：

---

46 關於明代進士數位，需要作如下說明：1、洪武十八年（1385）乙丑科因榜眼練子寧和探花黃子澄在永樂時被削籍，明成祖下令將本科題名碑僕毀，因此《碑錄》中有很多進士闕名，但總數仍以 472 名計；2、洪武三十年（1397）丁丑科有春榜和夏榜之分，總數為兩榜書相加；3、嘉靖二十三年（1544）甲辰科三甲《碑錄》計為 226 名，實際僅有 217 名，但總數仍以前者計；4、崇禎十六年（1643）癸未科三甲《碑錄》誤作 314 名，實為 316 名，總數為 408 名；5、在京及各省衛所軍籍進士未記入。

47 因洪武三十年有春榜（「南榜」）和夏榜（「北榜」）之分，故又有明代開科 90 次之說。

1.從洪武四年到成化二年（1371-1466）為第一階段。這一階段全國共進行科舉 29 科，取錄進士 5406 人，江西為 1054 人，占全國 19.50％，其中有 13 科超過 20％，其餘的也均在 10％以上。這是江西進士在全國比例最高的一個階段。期間進士的錄取歷經了激烈的南、北之爭，而明廷又刻意保護「北人」[48]，但江西舉人仍然憑藉經濟文化上的優勢，取得了令人矚目的成績。中式人數較多的是永樂十九年辛丑科，江西籍進士 72 人，占全國的 35.8％。永樂二年甲申科更達 111 人。

2.從成化五年到隆慶五年（1469-1571）為第二階段。這一階段的 35 科，全國取錄進士 11421 人，江西 1060 人，占全國 9.28％，最高的是正德三年戊辰科，中式 41 人，占全國的 11.7％；最低的為嘉靖二十九年庚戌科，占 6％。

3.從萬曆二年到崇禎十六年（1574-1643）為第三階段。這一階段全國的 25 科取錄進士 8071 人，江西為 698 人，占全國 8.65％，最高的是崇禎十五年壬午科，占 14.8％；最低的為崇禎元年戊辰科，占 5.38％。這是明代江西進士在全國所占百分比最低的一個時期。

雖然從明中期開始，江西進士的取錄人數出現下滑，但就總量與所占全國的比例來說，明代江西進士仍然保持較高的比例，

48 參見杜婉言、方志遠：《中國政治通史》第九卷（明代），人民出版社 1996 年版，第 414 頁；方志遠：《明代城市與市民文學》，中華書局 2004 年版，第 49-51 頁。

仍然在全國處於前茅，一直與南直隸、浙江相埒，遙遙領先於他省。就科舉名次而言，明代江西一省得狀元 17 人、榜眼 16 人、探花 22 人，各占全國總數的 19%、18% 和 24%，其中吉安一府有狀元 12 名、榜眼 9 名、探花 12 名。金溪吳伯宗是明朝開科後的第一個狀元。建文二年，一甲進士均為江西吉安府人：狀元胡廣，吉水人；榜眼王艮，吉水人；探花李貫，廬陵人。永樂二年甚至前 7 名進士亦俱為吉安人：狀元曾棨，永豐人；榜眼周述、探花周孟簡、第五名王環，吉水人；第四名楊相、第七名王直，泰和人；第六名王訓，廬陵人。王世貞《弇山堂別集》記明代江西尤其是吉安府科舉盛事：

　　建文庚辰狀元胡靖（按：即胡廣），第二名王艮，吉水人；第三名李貫，廬陵人，俱吉安府。而二甲第一名吳溥、第三名朱苔，皆江西，溥又會元也。永樂甲申狀元曾棨，永豐人；第二名周述、第三名周孟簡，俱吉水人。二甲第一名楊相、第四名王真，俱泰和人；第二名宋子環，吉水人；第三名王訓，廬陵人。相又會元也。七人皆吉安府。而內閣學士讀卷五人：解縉、胡廣、楊士奇、胡儼、金幼孜皆江西，中三人皆吉安府，可謂極盛。[49]

　　連續兩科的三鼎甲均被吉安一府的舉子奪得，這不僅是江西

49　王世貞：《弇山堂別集》，卷三《一郡三及第》。

也是全國科舉史上絕無僅有的盛事。而永樂甲申科選二十九人為庶吉士，其中十八人為江西人，吉安府又占一半。[50]

但是，江西省內各府、縣進士的分布又極不平衡，參見下列二表。

· 表 5-2 明代江西各府進士數量及在本省所占的比例（％）

府名	全省	南昌	瑞州	袁州	臨江	南康	吉安	撫州	建昌	九江	廣信	饒州	南安	贛州
人數	2728	643	93	41	175	47	837	252	115	59	181	238	15	32
比例	100	23.6	3.41	1.49	6.42	1.71	30.7	9.24	4.22	2.16	6.63	8.72	0.54	1.16

50 庶吉士制度是明代創立並長期實行的選拔與培養朝廷後備高級和重要官員的制度。《明史》卷七〇《選舉二》：「庶吉士始進之時，已群目為儲相。」庶吉士的人選，自洪武乙丑擇進士為之，不專屬於翰林。永樂二年，既授一甲三人曾棨、周述、周孟簡等官，覆命於第二甲擇文學優等楊相等五十人，及善書者湯流等十人，俱為翰林院庶吉士，庶吉士遂專屬翰林矣。（明年）覆命解縉等選才資英敏者，就學文淵閣。於是解縉等選修撰曾棨，編修周述、周孟簡，庶吉士楊相等共二十八人，以應二十八宿之數。庶起士周忱自陳少年願學。帝喜而俞之，增忱為二十九人……是年所選王英、王直、段民、周忱、陳敬宗、李時勉等，名傳後世者，不下十餘人。

・表 5-3 明代江西進士分縣統計

府	縣	人數	府	縣	人數	府	縣	人數
							贛縣	5
							雩都	4
	南昌	232		盧陵	103		信豐	7
	新建	74		泰和	178		興國	2
	豐城	195		吉水	165		會昌	0
	進賢	98		永豐	60		安遠	0
南昌	奉新	21	吉安	安福	211	贛州	龍南	1
	靖安	10		龍泉	12		長寧	0
	武寧	2		萬安	52		定南	0
	寧州	11		永寧	2		寧都	11
	小計	643		新	54		瑞金	2
				小計	837		石城	0
							小計	32
	鄱陽	53		臨川	121		上饒	31
	餘幹	27		崇仁	19		玉山	17
	樂平	49		金溪	65		弋陽	21
饒州	浮梁	60	撫州	宜黃	5	廣信	貴溪	70
	德興	30		東鄉	10		鉛山	14
	安仁	18		樂安	32		永豐	28
	萬年	1		小計	252		興安	0
	小計	238					小計	181

府	縣	人數	府	縣	人數	府	縣	人數
建昌	南城	49	九江	德化	17	南安	大庚	10
	新城	21		德安	5		南康	4
	南豐	24		瑞昌	3		上猶	1
	廣昌	20		湖口	20		崇義	0
	瀘溪	1		彭澤	14		小計	15
	小計	115		小計	59			
臨江	清江	49	袁州	宜春	18	瑞州	高安	45
	新淦	60		分宜	13		上高	17
	新喻	60		萍鄉	3		新昌	31
	峽江	6		萬載	7		小計	93
	小計	175		小計	41			
南康	星子	9						
	都昌	13				全省總計		2728
	建昌	22						
	安義	3						
	小計	47						

　　表 5-2 顯示的是明代江西各府進士數量及在本省所占的比重，表 5-3 則是進士的分縣統計。綜合二表可知，明代江西各府進士按數量的多寡排列，依次為吉安、南昌、撫州、饒州、廣信、臨江、建昌、瑞州、九江、南康、袁州、贛州、南安。按進士的人數，排在前十名的縣依次為：南昌、安福、豐城、泰和、

吉水、臨川、廬陵、進賢、新建和貴溪，這十個縣共有進士1447人，占江西進士總數的53.04％。而這十縣中，屬吉安府和南昌府的各有四個縣。明代特別是明前期江西的進士取錄人數在全國居於前茅，主要是因為吉安、南昌兩府的進士特別多。明代江西進士集中在少數府縣，反映了各地區間經濟文化發展的極不平衡。產生大批進士的府縣主要集中在江西中部地區，這也是當時經濟文化的發達地區。如明代吉安府多達837人，在全國居第2位（僅次於南直隸蘇州府），幾占江西全省總數的三分之一，而南安府才15人。南昌府南昌縣232人，在全國居第5位，而同府武寧縣只有2人；吉安府安福縣211人，居全國第8位[51]，同府永寧縣只有2人。而廣袤的南部地區，贛州、南安二府相加才47人，其中有6個縣明代無一人中式。

明代江西科舉考試除具有上述地區性集中的特點外，還具有家族性集中的特點。這和明代江西存在強大的宗族勢力密切相關，殷實大族在科考中表現出極強的競爭能力。一些地區的世家大族，如南昌熊氏、涂氏、龔氏，豐城雷氏、丁氏，泰和蕭氏、鄒氏、曾氏，吉水周氏，鉛山費氏，安福彭氏、劉氏，吉水羅氏，廬陵曾氏、歐陽氏等家族，在科考中探杏折桂代有聞人。其中有祖孫進士，如泰和曾鶴鳴與其孫曾追；有父子進士，如鉛山費宏與其子懋賢、懋中、懋良一門四進士；有兄弟進士，如安福

---

51 據《明清進士題名碑錄》統計，前7名各縣依次為：福建莆田、浙江余姚、浙江鄞縣、南直華亭、江西南昌、南直武進、浙江慈溪。

彭時與弟彭華、彭禮。吉安府遂有「一門三進士、隔河兩都堂、五里三狀元、十里九布政、九子十知州」的民謠流傳。據《明清進士題名碑錄索引》（上海古籍出版社 1980 年版）統計，熊姓進士全國共有 212 人，其中江西籍 109 人，占 51%；彭姓進士全國共有 298 人，江西有 104 人，占 35%；涂姓進士全國有 71 人，江西為 48 人，占三分之二；歐姓進士全國有 123 人，江西為 57 人；羅姓進士全國有 315 人，江西為 85 人；曾姓進士全國有 280 人，江西為 82 人，都占相當高的比例。進士（也包括舉人）這種相對高度集中在少數府縣及家族的現象，既是明代江西科舉發展不平衡的反映與表徵，又是江西科舉空前繁榮的重要原因。

江西舉子科第上的成功，為他們進入仕途參與朝政鋪墊了通途。《明史》入傳的江西籍人物 408 人，其中宰輔 18 人，部院大臣 50 餘人，這些人絕大多數由科舉出身。據明代庶吉士分省數量統計，江西籍庶吉士總數居第二，僅位於浙江之後。而從分期上看，江西籍庶吉士數量在洪武至宣德各朝名列第一，此後至嘉靖各朝雖有所下降，但一直與南直、浙江等不相上下。[52] 在相當長的時期內，江西籍官員在政治舞台上扮演著重要的角色，從而對明代的社會、經濟、文化生活產生了重要的影響。

52　參考郭培貴：《明代各科庶吉士數量、姓名、甲第、地理分布及其特點考述》，《文史》2007 年第 1 輯（總第 78 輯），中華書局 2007 年版。

第二節 ▶ 江西士大夫與明代中央政治

「學而優則仕」，雖然科舉出仕從本質上說只是一種生存方式，但江西士人卻在明代的政治舞台上上演了轟轟烈烈的活劇，當然，其中既有酣暢淋漓的喜劇，也有淒涼慘烈的悲劇。以解縉、楊士奇、李孜省、嚴嵩、張位五位士人為線索，可以比較清晰地看出江西士人在明朝宦海中的進退軌跡，以及他們對明代政局的階段性影響。江西士大夫與明朝統治者的合作，及其在明代政局所處的地位和影響，這是一個不斷髮展和變化的過程。它既與整個明代政壇的風雲變幻密切相關，又同江西士大夫的個人素質及個性緊密相連。

一　解縉與永樂初政

元末群雄割據，江西多屬陳友諒轄境。及朱元璋崛起，江西是第一個平定的行省，在鄱陽湖大戰和以後的南攻北伐中，江西一直是朱元璋軍事集團強有力的後方基地，不僅承擔了大批的軍資、軍餉負擔，還有不少江西各色人等加入了他的隊伍之中。如助攻鄱陽湖的周顛和張中、勸降陳理的羅復仁、前元舊臣危素等，對朱元璋的行動給予了積極的支持和配合，故而朱元璋在南京即位後，在中央的各個部門，任用了大量江西人，如弘文館六學士中，羅復仁、危素居其二；在左右丞名單中，出現了王溥（安仁人）、吳宏（余干人）；四輔官裡有龔（鉛山人）；在中書省下的六部尚書裡，吏部有陳修（上饒人）、周時中（龍泉人）、劉崧（泰和人），戶部有周肅（吉水人）、費震（鄱陽人）、徐鐸

（豐城人），禮部有朱夢炎（進賢人），刑部有周禎（鄱陽人）。當然，由於當時「省府台一品，總攝天下機務，而皆南直隸江北人」[53]，追隨明太祖起兵的淮右勳舊集團和最先進入朱明勢力範圍的浙東的士人構成了明初的最高統治集團的基本力量，江西士人只能是外圍力量。

洪武中葉以後，伴隨著胡惟庸案、藍玉案的發生，明太祖為了鞏固專制主義中央集權，大殺功臣宿將，致使淮右、浙東集團的眾多成員被株連，其朝中勢力一落千丈。江西籍官員雖基本上沒有被捲入，但由於江西是國家重要的財賦之地，明太祖對江西籍官員也是心有戒慮。洪武二十六年明文規定江西、浙江及南直隸蘇松人不得官戶部，終明之世，此制一直沿續下來。[54]

直到建文帝繼位後，江西士人才開始進入中央決策圈。代表人物是黃子澄和練子寧。但嚴格說來，大批江西士子在明朝的政治舞台上亮相，並公演出「翰林多吉水，朝士半江西」[55]的大戲，是在解縉出場之後。

解縉（1369-1415），字大紳，吉水人，自小穎悟過人，有才子之稱。洪武二十年，十八歲的解縉參加江西鄉試，一舉成名，

53　王世貞：《弇山堂別集》，卷三《三省長官同鄉》。

54　《明史》卷七二《職官一》。參見方志遠：《明代蘇松江浙人「毋得任戶部」考》，《歷史研究》二〇〇四年第四期。

55　徐咸：《西園雜記》，卷下。又，張宏道、張凝道《皇明三元考》卷四載：「國初文運惟江西獨盛，故時有『翰林多吉水，朝內半江西』之謠。」再，趙吉士《寄園寄所寄》卷六《勝國遺聞》追記明初館閣莫盛於江西，故有「翰林多吉水，朝士半江西」之句。

中瞭解元。第二年，解縉與長兄解綸、妹夫黃金華赴京參加會試，同榜登第，震動京師。

明太祖雖然對江西士人有戒心，但對吉水人卻有些偏愛。從陳友諒處投奔過來的吉水人羅復仁，為人質直樸實，堅持原則，敢說真話，又操著一口鄉音，明太祖喜歡他的憨厚坦誠，見面便直呼他為「老實羅」。洪武三年設置弘文館，朱元璋任命羅復仁為學士[56]，並愛屋及烏，對吉水人也產生了好感。

解縉中進士後，授中書庶吉士，供事宮中。明太祖很喜歡這個來自「老實羅」家鄉的少年進士，想親自考考他的學問見識，讓他直抒己見，發表對朝政的看法。解縉年少才高，又有大多數江西讀書人那股認理不認人的倔勁，當天就上了一份封事，洋洋萬言，對明太祖好觀雜書奇文的習慣、任喜怒為生殺的作風，以及崇尚佛道等進行了直言不諱的批評，甚至聲稱：「國初至今，將二十載，無幾時不變之法，無一日無過之人。」措詞激烈，切中要害。這就是著名的《大庖西封事》。[57]明太祖見到這道封事，對解縉的文采和見識大加讚賞，但對於解縉所提出的主張卻不置可否，其實是有所看法。

解縉畢竟年輕，又生性疏狂，從皇帝的嘉許中得到了鼓勵，卻沒有察覺所說的話已經有些過頭。他先是將自己的一些施政想

56　《明史》卷一三七《羅複仁傳》。
57　因明太祖是在宮中大庖西室讓解縉陳述己見的，解縉的上書又是實封直達御前，故稱《大庖西封事》。

法整理成《太平十策》，希望得到皇帝的進一步重視；接著替工部郎中王國用起草奏疏，為已故韓國公李擅長鳴冤叫屈，又為御史夏長文草疏，彈劾都御史袁泰。解縉自以為在展示才智，卻不知犯了大忌。幾年前，明太祖就指責江西民間有代人陳訴的陋習[58]，如今解縉竟把它帶到京師，到處代人草疏，惹是生非。

明太祖的心情也是矛盾的，此子才高，卻不知厲害，出於保護人才，他讓解縉隨父還鄉，說是「益令進學，後十年來，大用未晚也」。明太祖的本意，未必真是讓解縉回家去讀十年書，以長學問，而是要磨磨他的性子和稜角。但解縉卻是天生的名士坯子，在他身上，大量的是文人的豪爽氣度和無所顧忌，卻很少有政客的圓通和機變。離開南京後，他的學問見識固然更有長進，稟性脾氣卻沒有多大改變。但靖難之變後的形勢，需要解縉的稟性脾氣，解縉也才能得以發揮其政治作用。

明成祖朱棣以藩王奪皇位，急於在政治上尋求支持者，但建文舊臣們卻多持不合作態度。繼承皇位得下登極詔書，成祖先是找來名儒方孝孺，方孝孺不僅不草詔，反而「且泣且罵」。又找來御史高翔和右補闕胡閏，這二人身穿孝服，進殿之後便放聲痛

---

58 《明太祖實錄》卷一五〇，洪武十五年十一月丁卯：「為吾民者當知其分，田賦、力役出以供上者，乃其分也。能安其分，則保父母妻子，家昌身裕，斯為忠孝仁義之民，刑罰何由而及哉。近來兩浙、江西之民，多好爭訟，不遵法度，有田而不輸租，有丁而不應役，累其身以及有司，其愚亦甚矣。特諭爾等，宜速改過從善，為吾良民，苟或不悛，不但國法不容，天道亦不容矣。」

哭「語不遜甚」[59]。成祖雖然可以殺方孝孺，殺高翔、胡閏，並誅其九族，但其尷尬之情也自不待言。這時有人推薦了解縉。

解縉在明太祖去世後赴南京憑弔，被彈劾為違旨，貶到河州衛（今甘肅臨夏縣）為吏，雖經反覆陳詞，召回南京，但朝廷只給了他一個九品翰林院待詔的閒職。因此，解縉和方孝孺、高翔、胡閏等人不同，大可不必為建文帝殉葬。他按照成祖的授意，發揮當年上《大庖西封事》的才華，寫了一篇甚合時宜的登極詔。有了這個開端，一時間「凡大製作」，皆出解縉之手。[60]可以說，解縉以他的個性和才華，幫助成祖擺脫了革除之際的窘迫，同時也向新君表明了自己的政治立場。一個月後，成祖給解縉以回報，超擢他為翰林院侍讀，正六品。在此後的兩年中，解縉經由侍讀學士進而為翰林學士兼右春坊大學士，既是翰林院的一把手，又是皇太子的首席教官。

既是為了應付建文、永樂之際複雜而動盪的政治形勢，也是為了解決中書省廢除後政治體制上的嚴重缺陷，成祖在建文四年七、八月簡選了七位資歷較淺但辦事幹練的低品文官入直文淵閣，專典密務，第一位便是敢說敢為的解縉。在此後的幾年裡，解縉和他的同事們出入禁中，參與機密，幫助成祖處理各種庶務，對時局的穩定，同時也對內閣制度的形成起了重要的作用。

59　查繼佐：《罪惟錄・帝紀》，卷二《惠宗帝紀》。
60　楊士奇：《東里集・文集》，卷一七《前朝列大夫交址布政司右參議解公墓碣銘》。

內閣後來成了明朝的政治中樞，解縉也以內閣第一人載入史冊。

　　既然是參與機密，又無所顧忌，解縉便不可避免地捲入到永樂初皇儲之爭的漩渦之中。

　　成祖有三子。長子高熾體態肥胖，行動不便，喜和文人相交，養成了一種寬厚隨和的作風，不得成祖之意，但卻是太祖立的燕世子，法定繼承人。次子高煦孔武多力，勇猛善戰，在「靖難」中屢立戰功，且多次解成祖之困，故而以唐初秦王李世民自詡，成祖也曾以此相激勵。靖難成功後，皇儲問題便提到議事日程上來。

　　以淇國公丘福為首的靖難武臣是高煦的有力支持者，而兵部尚書金忠卻首倡立嫡以長。解縉既遵循立嫡以長的傳統，更希望未來的主子好文禮士而不鬥狠恃武，因而支持金忠的意見。以解縉的個性、名氣以及在內閣的地位，他的態度具有相當大的影響力。《明史》記載瞭解縉和成祖的一段對話：

　　先是，儲位未定，淇國公丘福言漢王有功，宜立。帝密問（解）縉。縉稱：「皇長子仁孝，天下歸心。」帝不應。縉又頓首曰：「好聖孫。」謂宣宗也。帝頷之，太子遂定。

　　明前期施政方針的轉變，尤其是重文輕武格局的形成及內閣地位的加強，都是在仁宣時期發生的。因而，解縉力勸成祖立高熾為太子，對以後的政局變化有著重要影響，對於以科舉為進身之階的江西士大夫，更具有重要意義。

　　獎掖同鄉是中國古代政治的一大特色，解縉在這一點上表現

得特別突出。永樂初最先參與機務的翰林官，即首批內閣成員是解縉和來自浙江永嘉的黃淮，接著是楊士奇、胡廣、金幼孜、楊榮、胡儼。這後五位除楊榮是福建建安人，其餘均來自江西，胡廣為吉水人，楊士奇泰和、金幼孜新淦、胡儼南昌，均與解縉稔熟，他們直文淵閣參與機務，不能說與解縉無關。這樣一來，就造成了內閣中江西人勢力的強大，致使黃淮總是覺得人單勢孤，並最終對解縉落井下石。

既然以科舉取士，解縉便在科舉上關照同鄉。永樂二年，解縉第一次主考會試，接著與楊榮、楊士奇、胡儼、金幼孜同為廷試讀卷官，於是奇蹟就出現了。這屆的鼎甲進士，狀元曾棨是永豐人，與解縉有舊，榜眼周述、探花周孟簡是吉水人，既是曾棨的弟子又是解縉的同鄉；二甲進士的第一名楊相是泰和人、第二名宋子環是吉水人、第三名王訓是盧陵人、第四名王直是泰和人。也就是說，本科前七名進士全是江西吉安府人。這在中國歷史上是空前絕後的。有人發表議論：「國朝吉安人當路，曾棨等三人及第，皆出吉安。」有人甚至懷疑解縉向吉安舉子洩露了試題，還有傳聞說解縉在考前就私下許願讓曾棨奪魁。[61] 這些說法雖然沒有真憑實據，但也不能不令人產生狐疑，只是解縉本人全不在意。

在這期間，解縉秉承成祖之意，既幹過竄改歷史的勾當——主持重修《太祖實錄》，也幹過功垂後世的偉業——主持編撰

61　李賢：《古穰雜錄摘抄》，《紀錄彙編》卷二三。

《永樂大典》。永樂初年有關文治的風光盛事，全讓他占去了。

　　但是，就在解縉無所顧忌、直前任事之時，危機也已釀成。這種危機是由兩方面構成的，一是政敵的搆陷和同僚的嫉妒，二是和最高統治者發生政見分歧。

　　解縉促使成祖立高熾為皇太子，不僅得罪了高熾的對手高煦，也得罪了高煦的支持者、以丘福為首的「靖難」軍人集團。這些人都是隨成祖奪天下的，極有權勢。解縉獎掖鄉人，又使同在內閣的黃淮、楊榮感到難以接受。楊榮雖然沒有和黃淮那樣暗中使絆子，但對閣中的江西頭面人物解縉以及楊士奇是抱有成見的。而解縉知人論事的洞達和口無遮攔的言詞，更使他得罪了一大批掌權者。《明史》記載了一段解縉與成祖、仁宗評論大臣的往事：

　　帝（成祖）嘗書廷臣名，命（解）縉各疏其短長。縉言：「蹇義天資厚重，中無定見。夏原吉有德量，不遠小人。劉俊有才幹，不知顧義。鄭賜可謂君子，頗短於才。李至剛誕而附勢，雖才不端。黃福秉心易直，確有執守。陳瑛刻於用法，尚能持廉。宋禮戇直而苛，人怨不卹。陳洽疏通警敏，亦不失正。方賓簿書之才，駔儈之心。」帝以付太子，太子因問尹昌隆、王汝玉。縉對曰：「昌隆君子而量不弘，汝玉文翰不易得，惜有市心耳。」

　　這些評價如果出自成祖、仁宗之口，自是欽定，無人敢有異議，但出自解縉之口，卻不免犯了眾怒。經解縉點評的人物，蹇義為吏部尚書，夏原吉為戶部尚書，劉俊為兵部尚書，鄭賜為刑

部尚書,李至剛為禮部尚書,黃福、宋禮為工部尚書,陳瑛為都御史,陳洽為吏部侍郎,方賓為兵部侍郎,均是當權派。解縉的這番言論一經傳出,夏原吉、黃福、陳瑛、宋禮、陳洽自然得意,蹇義、鄭賜厚道,不會介意,但李至剛、劉俊、方賓眾人豈能放過他。

如果只是得罪同僚,解縉未必就會倒楣,糟糕的是他的個性必然驅使他與成祖本人發生衝撞。成祖是通過「靖難」起家的,以他為首的戰爭機器剛剛啟動,戰事便結束了。國內戰事結束,業已啟動的戰爭機器卻憑著慣性仍得運行,對外用兵便不可避免。永樂三年鄭和率領水師下西洋,永樂四年朱能領兵征討安南,永樂七年丘福出征蒙古,乃至成祖本人五次北伐,很大程度上都是受這種慣性的驅使。

但是,文官集團對這一系列用兵大體上持反對態度,只是終永樂一朝,敢於公開站出來反對的只有兩個人,前是解縉,後是夏原吉,而這兩人均有江西人的執拗[62]。雖然後來的事實證明,出兵安南並非明智,但解縉卻正是因勸阻發兵而得罪成祖。各種反對勢力無事尚可生非,何況是有隙可趁,於是流言蜚語紛至沓來,任解縉有渾身解數,也擋不住眾人的倒牆之力。

永樂五年,解縉被趕出內閣、趕出京師,出任廣西布政司參議,還在途中,李至剛一個提醒,便改任新設的交阯布政司。其

---

62 按《明史・夏原吉傳》,夏原吉祖籍江西德興,父親夏時敏為湖廣湘陰教諭,遂家焉。

後一個小小的不注意，被漢王高煦抓住把柄，致解縉於死地，妻子宗族強徙遼東。一位顯赫一時的絕代才子，匆匆結束了一生的歷程，但他所提供的教訓，卻使後來者有所警戒。

二 楊士奇與「仁宣之治」

繼解縉之後對明代政局產生重要影響的江西人物是楊士奇。這恐怕也是一種歷史的安排。

楊士奇（1366-1444 年），名寓，號東里，以字行，泰和人。[63]幼年喪父及家境的貧寒使楊士奇不可能有解縉的狂放，而成年以後遊歷湖湘、授徒自給的閱歷，又使他比解縉更加洞達人情世故。永樂初同入內閣的七人，楊士奇年齡僅次於胡儼，卻和較早離開內閣的胡儼一樣不引人注目。《明史·楊士奇傳》對他那一段時間的表現是這樣評述的：「士奇奉職甚謹，私居不言公事，雖至親厚不得聞。在帝前，舉止恭慎，善應對，言事輒中。人有小過，嘗為掩復之。」這是一種和解縉完全不同的性格和作風，楊士奇具備君主專制時代完美政治家的一切特點，謹慎而不乏膽略，寬容而中有定見，沉穩而不失機智，恭敬而善於應對。

但是，在永樂一朝二十二年的時間裡，楊士奇的光彩並未真正顯示出來。永樂時代嚴格說來還是軍人時代，文化人施展的機會太少、空間過於狹窄。永樂時期，楊士奇只是全心全意地幹一件事，那就是維護皇太子高熾的地位。說來也有意思，解縉和楊

士奇這兩位個性風格迥異的江西吉安人，自覺與不自覺地進行了一場保護朱高熾的接力。解縉以其果敢和明辨，為高熾爭得了皇太子的法定地位，楊士奇則以其沉毅和善辯維護高熾的皇儲地位，並巧妙地打擊漢王高煦的氣焰，替解縉報了一箭之仇。能夠有這兩位江西人幫忙，朱高熾也算是幸運。可以說，無解縉則高熾立儲渺茫，無楊士奇則高熾繼位艱難。

成祖的去世和仁宗的繼位，標誌著一個新時代的到來，該是楊士奇施展才學的時候了。

仁宗不忘舊情，剛即位便將楊士奇由翰林院學士、左春坊大學士超擢為禮部尚書兼華蓋殿大學士，半年內又晉少保兵部尚書兼華蓋殿大學士，成為新一代內閣的第一人，官從一品。此後更為少師兼太子太師。這是有明一代直到張居正才突破的文官最高品級。在楊士奇主持內閣的二十年裡（永樂二十二年八月至正統九年三月，即 1424-1444 年），明朝的政局發生了一系列深刻的變化。

首先是內閣本身由初創階段進入制度化階段。在仁宗繼位後的半年裡，不僅是楊士奇，同在內閣的楊榮、黃淮、金幼孜也都加三孤、官尚書，兼殿閣大學士，其品秩已相當於或高於六部和都察院長官，取得了與七卿並列的公開地位。楊士奇及其同僚不僅以顧問身分與皇帝「同計天下事」，而且在皇帝的授意下，以大學士的身分直接干預部院事務。《明史》對此作了這樣的評述：「（宣宗）內柄無大小，悉下大學士楊士奇等參可否，雖吏部蹇義、戶部夏原吉時召見，得預各部事，然稀闊不敵士奇等親。自是內閣權日重，即有一二吏、兵之長與執持是非，輒以

敗。」[64]英宗九歲即位，以楊士奇為首的內閣主持朝政，內閣遂成為明朝中樞決策機關，文淵閣成為內閣官署，票擬、批紅成為內閣的基本辦事方式。

其次是明朝的施政方針由外向型轉變為內向型。明太祖統一全國後，迅速將政府機能轉向恢復經濟、發展生產，對外則採取人不犯我我不犯人、與周邊國家和睦相處、不輕易發兵的政策。他在《皇明祖訓》中列出了十六個「不征國」，包括朝鮮、日本、琉球、安南、真臘、暹羅、占城、爪哇等等，並告誡子孫：

四方諸夷皆限山隔海，僻在一隅，得其地不足以供給，得其民不足以使令。若其不自揣量，來擾我邊，則彼為不祥。彼既不為中國患，而我興兵輕犯，亦不祥也。吾恐後世子孫倚中國富強，貪一時戰功，無故興兵，殺傷人命，切記不可。但胡戎與中國邊境密邇，累世戰爭，必選將練兵，時謹備之。[65]

這一政策是基於當時中國國情的實際狀況制定的。中國是個農業大國，明朝又是以漢人為主體的國家，這就決定了它的經濟結構不求向外發展，而是內部自給；漢民族向外開拓疆土的激情也已隨著漢、唐盛世的過去而淡泊；在太平洋西岸由黃河、長江、珠江水系構成的這塊土地，大體可以滿足當時人口所需的生

64　《明史》卷七二《職官志序》。
65　朱元璋：《御制皇明祖訓・箴戒章》，《洪武全書》本。

存空間。解縉、夏原吉在永樂時正是根據國內條件並以明太祖的祖訓為依據反對成祖出兵安南、深入蒙古的。而楊士奇則幫助仁宗和宣宗對永樂時期的政策進行了大刀闊斧卻又不動聲色的修正。鄭和的船隊已基本停止遠航，駐紮在安南的部隊儘數撤回國內，對蒙古也由戰略進攻轉為戰略防禦。這些舉措在今天看來，似乎過於保守，但在當時對於穩定局勢、恢復經濟卻是十分必要的。

其三，在實現政策的轉移後，明政府加強了地方吏治的整頓，從而出現了所謂「仁宣之治」的局面。這個局面的形成，楊士奇起了重要作用。在古代中國，有頭腦的政治家都看重人治，注意官員的選拔，因為祖宗法度一般是不能改變的，關鍵在於官員如何運用。正是根據這一思路，楊士奇在宣德時極力促成大臣保舉法。儘管後來有人認為楊士奇此舉旨在侵奪吏部的用人權，但宣德時經楊士奇推薦的人才卻是極一時之選。於謙以監察御史的身分、周忱以越府長史的身分分別超擢兵部、工部右侍郎，巡撫河南山西及南直隸，況鐘以吏員出身為蘇州知府，都成為有明一代名臣。

比起解縉，楊士奇的最大優勢是善於處理各種矛盾、協調各種關係。解縉號為知人，但知人中帶有挑剔。楊士奇也以知人著稱，但他更為寬厚，更顧全大局。有幾件事頗能體現楊士奇的這一特點。

永樂時，廣東布政使徐奇朝觀時帶了許多嶺南土產進京，餽贈在京群臣。此事為錦衣衛校尉察知，將徐奇的禮單直送御前。徐奇的這種行為有行賄嫌疑，成祖非常重視，一看名單，內閣諸

臣中唯缺楊士奇。成祖為此事專門召見楊士奇。楊士奇的意見則使成祖改變了看法：「（徐）奇赴廣時，群臣作詩文贈行，臣適病弗預，以故獨不及。今受否未可知，且物微，當無他意。」一場眼看就要發生的冤獄，在三言兩語中得到化解。

宣宗即位以後，漢王謀反。實際上這次「謀反」和中國歷史上的多次叛亂一樣，是被逼反的。最高統治者總是把強大的地方勢力看成是不安定因素，但又一時找不到剷除的藉口，於是不斷地施加壓力，使其活不下去，自己跳出來，然後找一個口實加以剿滅。平定漢王的謀反以後，有人提出趙王與漢王是串通一氣的，大學士楊榮提出乘著兵勢把趙王也滅了。楊士奇堅決反對：皇上只有兩個叔父，一個漢王，一個趙王。如今漢王已經成階下囚，如果又牽連到趙王，皇上以後如何面對祖父和父親？他認為，趙王並沒有任何「謀反」的跡象，不如寫一封書信派人送去，讓其善自珍重，做好一個王。宣宗聽從了楊士奇的建議，書信一到，趙王親自來京城請罪。又一場可能發生的冤案平靜地過去了。

在永樂入閣的七人中，楊榮年紀最輕，但機敏過人。成祖北伐時，軍中大事有議而不決者，往往是楊榮一言而定，因而備受寵信，地位一直在楊士奇之上。仁宗繼位後，二楊的位置發生了變化，楊榮很不服氣，言語之間頗有表露。楊士奇則淡然處之，且以德報怨。《明史》記載了他和宣宗的一段對話：

（楊）榮疏闊果毅，遇事敢為。數從成祖北征，能知邊將賢否、阨塞險易遠近、敵情順逆。然頗通饋遺，邊將歲時致良馬。

帝頗知之，以問士奇。士奇力言：「榮曉暢邊務，臣等不及，不宜以小眚介意。」帝笑曰：「榮嘗短卿及（夏）原吉，卿乃為之地耶？」士奇曰：「願陛下以曲容臣者容榮。」帝意乃解。

這段對話經過內監傳到楊榮耳中，楊榮甚感慚愧，從此以後，與楊士奇「相得甚歡」。

從上面幾個例子可以看出，楊士奇善於處理各種關係，左右逢源，上下通達，卻又不失某種原則性，這符合中國古代的治國之道。宣德後期及正統初「三楊」（指楊士奇、楊榮、楊溥）執政，開創了明代內閣的第一個全盛時期。而三楊的核心人物便是楊士奇。

作為江西籍官員，楊士奇比解縉顯得更為大器，並不只將眼光盯住江西。在他執政期間入閣的馬愉和曹鼐，一為山東臨朐人，一為北直隸寧晉人。但是，他也在看似不經意間將兩位傑出的泰和老鄉安插在要害部門。一位是王直，永樂二年二甲第四名進士，正統八年即楊士奇去世的前一年被安排為吏部尚書；另一位是陳循，永樂十三年的狀元，正統元年為侍講學士兼經筵官，晉翰林院學士，取得入內閣的資格，到正統九年楊士奇去世後補入內閣。景泰時，決策軍國大計主要是五巨頭：司禮監太監興安、兵部尚書于謙、禮部尚書胡濙，以及吏部尚書王直和內閣首席大學士陳循。[66]楊士奇兩次為會試主考官，為同鄉的錄取提供

---

66 參見方志遠：《成化皇帝大傳》第一意，遼寧教育出版社一九九四年版。

了便利，還在不動聲色中為江西士大夫的出仕拓寬了道路。洪武三年初定各省鄉試解額即舉人名額，江西和浙江、福建、湖廣、山東、山西、河南、陝西均為四十人。但在洪熙元年重定名額時，江西改為五十人，浙江、福建各四十五人，湖廣、廣東仍為四十人，河南、陝西則分別減為三十五人和三十人，江西在十三布政司中名列首位。[67]正德時曾為解額發生爭端，有人便宣稱：「鄉試解額，南方太多，北方太少，乃昔楊士奇私其鄉里。」[68]以此鼓動劉瑾、焦芳等「北人」與江西人為難。但江西解額居各省之首的局面終明之世也沒有改變，從而使大批江西士人能夠通過科舉進入官場並對明代政局產生影響。楊士奇自己就不禁豪言大發：「天下之大，士之出於學校者，莫盛於江西、兩浙，吉安又江西之盛者。」「四方出仕者之眾，莫盛大於江西。」[69]陳循在奏章中亦稱：

> 江西及浙江、福建等處，自昔四民之中，其為士者有人，而臣江西頗多，江西諸府，而臣吉安府又獨盛。……且以臣原籍泰和縣觀之，楊士奇初以儒士保任廬陵縣學訓導，吏部試用，卒至為今名臣；又如儒士曾鶴齡，舉進士第一，官至侍講學士而卒；今文淵閣供事，通有五人，而臣泰和縣又預二人，蕭鎡與臣是

67　參見杜婉言、方志遠：《中國政治制度通史・明代卷》第十章，人民出版社一九九六年版。

68　陳洪謨：《繼世紀聞》卷二。

69　楊士奇：《東里續集》卷一〇《送徐崇威僉憲致仕還鄉序》。

也；此外，官翰林者又數倍，以臣本府縣如此之眾。[70]

三 李孜省與「另類」江西士人

由解縉、楊士奇等人開創的江西士人主持朝政的局面一直延續到整個景泰時期。天順時，雖然英宗重用「北人」，但仍有陳文、彭時、劉定之等江西籍士人入閣，陳、彭二人在成化時且一度主持內閣，並對政策的延續性和穩定性起了重要作用。

與此同時，由於最高統治者憲宗成化帝崇信方術，又使得一批江西士人在科舉之外另闢蹊徑。其代表人物是南昌人李孜省。

李孜省本為江西布政司的吏員。按當時的制度，吏員充役九年叫「考滿」，考滿給出身後，則有望「聽選」出職，即由吏聽選為官。李孜省考滿後赴京聽選，但他在江西的貪贓之事卻被揭露出來，出職無望，於是另尋出路。江西是天師道（明朝改稱正一嗣教）的所在地，民間以占卜、堪輿、相術、巫術謀生者甚多。[71]李孜省耳聞目睹，對江湖法術也略知一二，特別潛心「五雷法」，幾年下來，頗有應驗。又通過買通宦官梁芳、錢義，向皇帝獻呈了自己的符籙。李孜省這次所上的符籙有何妙用，因史無明載，不得而知，但效果卻是肯定的，所以當即被授為太常寺

---

70 《明英宗實錄》卷二六八，景泰七年七月丙申。
71 王士性·《廣志繹》卷四《江南諸省》專論江西·「士商工賈，諒天懸河，又人人辯足以濟之。又其出也，能不串子母本，徒張空拳，以籠百務，虛往實歸，職堪輿、星相、醫蔔、輪輿、梓匠，非有鹽商木店，筐絲聚寶之業也。」

丞，正六品，成了在京衙門的堂上官。其後累遷左右通政、通政使、禮部侍郎。

太常寺是明朝主掌與上天對話的衙門。凡祭祀天神、地祇、人鬼，冊立、冊封、冠婚、營繕、征討、大喪等典禮，均由太常寺負責。通政司則是內外臣工與皇帝連繫的要害衙門，凡有奏本題本，都經通政司謄錄並直達御前。憲宗不但讓李孜省在這兩個衙門供職，還特賜金冠、法劍及印章，許密封言事，可見對他的倚重。

說來也甚是湊巧。成化十三、四年間，京中、宮中經常出怪事，不是半夜有黑獸傷人，就是大白天殿內響起兵甲聲，不得安寧。於是有汪直立西廠、屢興大獄之事，朝野惶惶。但自從成化十五年李孜省出入宮闈後，這些怪事便不再發生了。加上李孜省不斷有「淫邪」其實是房中術的新花樣獻進去，所以日益受寵，干預政事，「摺摺進退，多出其口」[72]。大學士萬安、劉吉、彭華也看李孜省的眼色行事。

文官集團是反對皇帝信僧道、崇方術的，不僅僅因為國家正常的統治秩序和傳統的道德規範受到衝擊，還因為正統儒學及憑藉儒學立身的文官們的價值發生貶值，但他們對皇帝只能規諫，而將李孜省等人視為罪魁禍首。於是，整個成化朝後期的政治一定程度上成了以言官為代表的文官集團對以李孜省為代表的傳奉

72　《明史》卷三〇七《佞幸傳》。

官的聲討，以及李孜省藉助皇帝對言官及其他反對派的打擊。[73]

　　但是，這場鬥爭的陣線卻非常微妙。其一，在抨擊李孜省的言官隊伍中，幾乎沒有江西人；其二，文官中的上層人物持觀望態度，有的還和李孜省關係十分密切。所以發生這種情況，既是因為經過一百年的演變，士大夫的道德觀念發生了很大的變化，也是因為地緣觀念及李孜省政治手腕的影響。

　　由於李孜省的法術多涉「淫邪」，為了顧全皇帝的面子，史料中少有揭露。但他演示的一套「扶鸞術」，卻在許多材料中都有記載。李孜省竟能在眾目睽睽之下，在平整的沙盤上演示出「江西人赤心報國」幾個大字。法術的高下深淺且毋一論，但這種公然以地區劃勢力的做法在明朝卻是第一次。經過他的斡旋，已經致仕的江西官員，如副都御史劉敷、禮部郎中黃景、南京兵部侍郎尹直、工部尚書李裕、禮部侍郎謝一夔等均得復用。尹直還不無得意地聲稱：「吾江右士夫，素以剛介寡偶，一旦聯陟，輿論翕然稱快。」[74]但蘇州人王世貞在百年之後論及此事時則反唇相譏：「尹（直）之典密務與五公皆自李孜省引之，而所謂輿論翕然稱快者，寧實錄也！」[75]

　　與此同時，李孜省也策略性地對一些有時望的非江西籍大臣進行密封推薦，如翰林學士楊守陳、倪岳，少詹事劉建、都御史

73　關於「傳奉官」的問題，參見方志遠：《「傳奉官」與明成化時代》，《歷史研究》二〇〇七年第一期。

74　尹直：《工部尚書謝公墓誌銘》，《明名臣碗琰續錄》卷一四。

75　王世貞：《弇山堂別集》，卷二八《史乘考誤九》。

餘子俊、李敏等，從而取得了不少官員的好感。

　　但是，隨著憲宗的去世和孝宗的繼位，由對李孜省等術士的打擊進而發展到對江西士人的排擠。在弘治、正德二朝的三十多年中，江西籍官員只有費宏一人進入內閣，且不到三年便被迫致仕；七卿中只有何喬新和李士實，分別為刑部尚書和都察院都御史，任職時間也甚短，何喬新是三年多，李士實僅一年多就致仕。江西士人整個地由以前的在朝派變為在野派。過去明太祖、成祖、英宗還只是籠統地以北人壓南人，而到正德時則專門壓江西人。大學士焦芳的兒子焦黃中便通過權閹劉瑾一度減少江西的鄉試解額。武宗也公開發表意見：「江西土俗，自來多玩法者。」**76**

　　政府的壓制，使得一些江西士人忿忿不平。他們選擇了在南昌就藩的寧王朱宸濠，企圖通過武力來重新分配國家權力。寧王朱宸濠的起兵，固然是明朝宗室內部的又一次爭奪最高統治權的鬥爭，但在一定意義上卻是代表著部分江西在野派士人的利益和願望。嚴格說來，朱宸濠本人也屬在野的江西士人，所不同的只是有宗室身分而已。從這一點來說，與當年成祖靖難代表著北方軍人集團的利益極其相似。但是，正如本書第一章論及寧王起兵事所說的那樣，江西自古以來就沒有形成過獨立的政治力量，秦漢一統以後，江西是最穩定的省區之一。大多數江西士人寧願按正常途徑進入仕途，而不願意鋌而走險以求無妄之福。他們寧願

76　《明武宗實錄》卷五九，正德五年正月己卯。

在王守仁的帶領下，同仇敵愾地消滅寧王，以示對朝廷的忠誠不二。這一選擇在一定程度也造成了嘉靖時期江西士人重新進入中央決策圈。

雖然在這一時期發生了諸如李孜省與寧王等事項，但正如上文所說，天順、成化、弘治、正德年間，江西士人在明朝中央政壇的勢力仍不容忽視。此時，內閣、七卿等重要部門也還有大量的江西籍官員。其中影響較大的有費宏、陳循、王直、彭時、戴珊等人。

費宏字子充，號健齋，又號鵝湖，晚年自號湖東野老，鉛山人。成化二十三年狀元，授修撰。弘治中，直講東宮。武宗即位後，擢升太常少卿，兼侍講讀。正德二年為禮部右侍郎，不久轉為左侍郎，五年為尚書。正德皇帝沉湎於逸樂，早朝、日講都已停廢，費宏奏請勤政、務學、納諫。六年十二月，兼文淵閣大學士，參預機務。不久加太子太保、武英殿大學士，進戶部尚書。朱宸濠起兵前，費宏堅決拒絕錢寧與朱宸濠的拉攏，並阻止朱宸濠擴充勢力，「於是宸濠與寧合，而恚宏」。費宏與堂弟費采被迫致仕，回江西途中遭錢寧暗算，「焚其舟，資裝盡毀。」歸家後杜門謝客朱。朱宸濠「復求與通，宏謝絕之，益怒」，遂指使奸人攻打費氏家族並掘其祖墳。正德十四年，朱宸濠在南昌起兵，費宏組織義兵，聯絡府縣官員，會兵進剿。[77]朱宸濠敗後，

77　參考曹國慶：《明代江西科第世家的崛起及其在地方上的作用以鉛山費氏為例》，《中國文化研究》一九九九年第四期（冬之卷）。

朝中大臣爭請召回費宏。世宗即位，即重新起用費宏，加少保，入閣輔政。費宏持重識大體，明習國家故事。與楊廷和、蔣冕、毛紀同心協贊，數勸嘉靖帝革武宗弊政。在「大禮議」風波中支持嘉靖帝，及廷和等去位，為首輔，加少師兼太子太師、吏部尚書、謹身殿大學士。由於與席書、張璁、桂萼等不合，遭其怨恨詆毀，六年二月致仕。至十四年，嘉靖帝追念費宏，再遣行人即家起官如故。費宏待人平易，為政寬和，體恤民情，為官清廉。但剛正鯁直，不畏權奸，不為物役，決斷果敢。雖屢遭迫害，一生坎坷，兩落三起，卻又不損清譽。[78]史讚：「費宏等皆起家文學，致位宰相。宏卻錢寧，拒宸濠，忤張、桂，再躓再起，終亦無損清譽。」費宏居家時，開挖惠濟渠，建築新成壩，講學含珠山，造福桑梓。又工詩善文，著有《鵝湖摘稿》二十卷，以及《湖東集》、《宸章集錄》、《遺德錄》、《慚愕錄》等若干卷。另有徐階、劉同升編《費文憲集選要》七卷，存於《四庫全書》。年六十八無疾而終，謚文憲。歸葬故里鉛山橫林。

陳循，字德遵，號芳洲，泰和人，永樂十三年狀元，授翰林院修撰，正統九年入文淵閣，參預機要，進戶部右侍郎。「土木之變」後晉為首輔，與兵部尚書于謙一道領導了北京保衛戰，挫敗了瓦剌的進攻，在英宗被俘的情況下，輔佐景泰帝，穩定了大局，此後歷兼文淵閣、華蓋殿大學士。英宗復辟後，充戍鐵嶺

衛。[79]

王直，字行儉，號抑庵，泰和人，永樂二年進士，在翰林院二十餘年，稽古代言編纂紀注之事，多出其手。正統八年任吏部尚書，天順元年致仕，秉銓政十四年，為一時名臣，累進少傅兼太子太師。景帝在位，「時變起倉卒，朝臣議屢上，皆直為首。而直自以不如於謙，每事推下之，雍容鎮率而已」。王直的這種包容心態，也正是景泰時期最高統治集團內部統一意志的重要因素。[80]

彭時，字純道，安福人，正統十三年狀元，次年入閣參與機務，景泰元年忤旨出閣，歷至太常少卿。天順元年復入閣，成化四年至十一年任首輔，深得英宗父子和朝臣的信任。彭時勇於任事，《明史・彭時傳》稱：「閣臣自三楊後，進退禮甚輕，為帝所親擢者，唯彭時與（岳）正二人，而帝方享用李賢，數召賢獨對。賢雅重時，退以咨……（帝）選庶吉士，命賢盡用北人，南人必若時者方可，賢以語時。俄中宦牛玉宣旨，時謂玉曰：『南士出時上者不少，何可抑之』已，選十五人，南六人與焉。……立朝三十年，孜孜奉國，持正存大體……有古大臣之風。」

戴珊，字適珍，浮梁人，天順八年進士。督南畿學政，正身率教，士皆愛慕之。歷浙江按察使、福建布政使，終任不攜一土物。弘治時為左都御史，以老疾數求退，輒優詔勉留，造膝宴

79　《明史》卷一六八《陳循傳》。
80　《明史》卷一六九《王直傳》。

見，稱「主人留客堅，客則強留，珊獨不能為朕留耶？且朕以天下事付卿輩，猶家人父子，今太平未兆，何忍言歸」。戴珊亦不負所望，考察京官，廉介不苟合；對朝政，知無不言，言無不盡。[81]

在此期間曾入閣的江西人還有：陳文，盧陵人，正統元年榜眼，天順七年以禮部會侍郎、學士入閣，成化二年至四年為首輔；蕭鎡，泰和人，宣德二年進士，景泰二年至八年在閣；劉定之，永新人，正統元年探花，成化二年至五年在閣；彭華，安福人，景泰五年會元，成化二十一年至二十三年在閣；尹直，泰和人，景泰五年進士，成化二十二年至弘治元年在閣。

在七卿中，還有：何文淵，廣昌人，永樂十六年進士，景泰元年至四年任吏部尚書，佐王直理部事；蕭維禎，泰和人，宣德五年進士，正統十四年任大理寺卿，景泰四年擢都察院左都御史，理院事。羅通，吉水人，永樂七年進士，景泰初進右副都御史，參軍務兼理院事，四年進右都御史，贊軍務如故；劉廣衡，萬安人，永樂二十二年進士，景泰二年任右副都御史，天順元年進刑部尚書；蕭暄，泰和人，宣德二年進士，天順四年至五年任禮部尚書；劉敷，永新人，景泰二年進士，成化二十二年至二十三年任右都史，掌院事；王概，盧陵人，天順七年任大理寺卿，成化八年至十年為刑部尚書；李裕，豐城人，景泰五年進士，成化初進右副都御史，總督漕運兼巡撫江北諸府，十九年為右都御

史，旋改工部尚書，二十二年至二十三年任吏部尚書；謝一夔，新建人，天順四年狀元，成化二十二年至二十三年任工部尚書；何喬新，廣昌人，景泰五年進士，弘治元年至四年為刑部尚書；徐瓊，金溪人，天順元年進士，十年至十三年任禮部尚書；張敷華，安福人，天順八年進士，弘治十二年任右都御史總督漕運兼巡撫淮、揚諸府，正德元年轉左；傅瀚，新喻人，天順八年進士，弘治十三年至十五年繼徐瓊為禮部尚書；張升，南城人，成化五年狀元，弘治十五年至正德二年繼傅瀚為禮部尚書。

四　嚴嵩事件與江西士大夫淡出中央決策圈

隨著武宗的去世和世宗的繼位，江西士人重新活躍起來，並在一定程度上左右明代政局的發展方向。

《明史》載：「世宗朝，（張）璁、（桂）萼、（夏）言、（嚴）嵩相繼用事。」四位宰輔中，除張璁是浙江永嘉人外，其餘三位皆江西人。桂萼是安仁（今餘江縣）人，夏言為貴溪人，嚴嵩是分宜人。桂萼遇事敢爭，夏言極有擔戴，嚴嵩則善於因勢利導，加上嘉靖朝江西士大夫布列朝班，故而形成極大的政治勢力，令人矚目。在當時，一個中層江西籍官員的意見甚至就被視作為內閣的意圖。有這樣一個故事：「世宗朝，南給舍陳慶疏上，擬以南兵貳兼操江，其原設操江當革者。旨下南京各堂上官司會議。慶，江西人，執政同鄉，一時議者皆謂當革。」[82]有的官員甚至

82　陸樹深：《耄餘雜識》。

想方設法附籍江西，「會吳中有島寇，華亭（徐階）即卜宅豫章，佯為避寇之計，有司為之樹坊治第，附籍江右」[83]。尤其是嚴嵩任首輔時期，「政事一歸嵩」[84]，而「江右士大夫往往號嵩為父」[85]。

但是，就在江西籍官員的極盛之時，卻出現了內部鬥爭。先是嚴嵩搆陷夏言，奪得內閣首輔之位，後是夏言的同鄉、道士藍道行搆陷嚴嵩。嚴嵩的倒台，大批江西籍官員受到牽連；隨著對嚴嵩攻擊的升級，江西士人大體上退出中央決策圈。

嚴嵩不僅在明代，在整個中國歷史上也具有典型意義。他既有解縉的才氣，也有楊士奇的世故，某種意義上還有李孜省睚眥必報的意識。如果他充分發揮自己的才學，明代或許會出現一位劃時代的文學大家；如果他處在洪、宣乃至弘治時代，或許會起到楊士奇曾經起到過的政治作用，從而為後人稱道。但他發跡於嘉靖中後期，這是明朝政治走向全面腐敗的時期，而嚴嵩又無楊士奇的寬容和執著，因而對當時的政治滑坡起著推波助瀾的作用。首先是政治的腐敗誘發了嚴嵩內在的消極因素，而嚴嵩的能量和表率又加速了政治的腐敗。

嚴嵩最後是在憂鬱中死去的，不僅罷了官，抄了家，兒子也被殺。清代修《明史》，嚴嵩入了《奸臣傳》，成了反面角色的

83　于慎行：《穀山筆塵》卷四。
84　《明史》卷三〇八《嚴嵩傳》。
85　于慎行：《穀山筆塵》卷四。

典型。

實際上，嚴嵩該不該入《奸臣傳》，當年明史館中即存在爭議。阮葵生《茶餘客話》載：

李穆堂紱記聞最博，而持論多偏。在明史館，謂嚴嵩不可入奸臣傳。纂修諸公爭之，李（紱）談辨雲湧，縱橫莫當，諸公無以折之。最後，楊農先椿學士從容太息曰：「分宜（按：指嚴嵩）在當日尚可為善，可恨楊繼盛無知小生，猖狂妄行，織成五奸十罪之疏傳誤後人，遂令分宜含冤莫白。吾輩修史，但將楊繼盛極力抹倒，誅其飾說誣賢，將五奸十罪，條條剖析，且辨後來議恤議謚之非，則分宜之冤可申。」穆堂聞之，目眙神愕，口不能答一字，自是不復申前說。[86]

李紱是江西臨川人，其為嚴嵩辯冤，言如雲湧、「縱橫莫當」，其說自然有理有據。楊椿不從正面反駁，說明李紱所言不虛。但楊椿一提楊繼盛，李紱則辭窮，可見另有忌諱。這忌諱便是：楊繼盛是清順治帝和乾隆帝「欽定」的忠臣。而楊繼盛之為忠臣，便是因抨擊嚴嵩而被殺，因此，要想為嚴嵩翻案，先得將楊繼盛訴說的嚴嵩罪狀推翻。不然，楊繼盛豈不死得不明不白？蘇均煒先生在他的《大學士嚴嵩新論》中曾逐條逐句反駁《明史‧奸臣傳》所記載有關嚴嵩的劣跡，並令人信服地分析了嚴嵩

86　阮葵生‧《茶餘客話》，卷九。

被指為奸臣的過程。他認為，文學作品和戲劇褒揚楊繼盛而攻擊嚴嵩，並由此導致酷愛小說、戲劇的清順治帝和乾隆帝都仰慕楊繼盛是忠臣而譴責嚴嵩為奸臣，這是《明史》館諸臣將嚴嵩選入《奸臣傳》的重要原因。[87]

其實，對於嚴嵩的定性，在明代就有不同的看法。天啟時官至禮部尚書、文淵閣大學士的朱國楨說：「分宜之惡，譚者以為古今罕儷。」這是受當時輿論的影響所致。一到江西，朱國楨卻疑惑了：「乃江右人尚有餘思，袁人尤甚。余過袁，問而親得之。可見輿論鄉評，亦自有不同處。」[88]晚明名士錢謙益也曾指責嚴嵩「憑藉主眷，驕子用事，誅夷忠良，潰敗綱紀，遂為近代權奸之首。至今兒童婦人，皆能指其姓名，戟手唾罵。」但和朱國楨一樣，錢謙益也在私下懷疑：一個奸臣，怎麼能寫出《鈐山集》中那些清麗婉弱、不乏風流的詩文？一個奸臣，怎麼能在待人接物上如此彬彬有禮、平和易與？一個奸臣，又怎能得到家鄉父老的永久懷念？帶著這種種疑惑，錢謙益在其所編的《列朝詩集》中，將嚴嵩的詩冠於嘉靖以來將相之首，以使讀者「論其世，知其人」，並在嚴嵩小傳中引用了一件當時流傳甚廣的趣事：

87　（美）蘇均煒：《大學士嚴嵩新論》，《明清史國際學術討論會論文集》，天津人民出版社一九八三年版。

88　朱國楨：《湧幢小品》，卷九《焦嚴始終》。

世傳少師（按：指嚴嵩）當國時，江西士紳以生辰致賀。少師長身聳立，諸公俯躬趨謁。高新鄭（按：指高拱）旁睨而笑。少師問其故。新鄭曰：「偶思韓昌黎《鬥雞詩》：『大雞昂然來，小雞竦而待。』是以失笑耳。」京師市語，謂江西人為雞。相與哄堂而歡。[89]

這段故事見於當事人高拱的記載，高拱嘉靖末至萬曆初為大學士，嚴嵩為首輔時任職翰林院。錢謙益敘及此事，悠然神往：「先輩風流雅謔，政府詞林，形跡無間，此亦近世館中嘉話也。」

嚴格來說，嚴嵩之為奸臣，是替明世宗嘉靖皇帝背了惡名。[90]冤殺楊繼盛、沈煉，是明末文學作品特別是戲劇中嚴嵩成為家喻戶曉的奸臣的主要事件。但決定殺楊繼盛、沈煉的卻並不是嚴嵩而是明世宗朱厚熜。嚴嵩遭貶、嚴世蕃下獄後，御史林潤欲置其於死地，以殺楊、沈繼續進行攻擊，嚴世蕃聞訊大喜，以為「獄且解」。政敵徐階則告誡林潤：「楊、沈之獄，（嚴）嵩巧

---

89 錢謙益：《列朝詩集小傳》丁集中《嚴少師嵩》。沈德符在《萬曆野獲編》卷二六《謔語》有類似的記載。對於當時官場的種種以謔取樂之舉，作者亦深懷羨慕「此三公者（指嚴嵩、高拱與張居正）皆非經常宰相，而當時矢口相謔，不以為忤；且科第相去甚懸，在今日則前後輩迥分。詞林後輩，屏氣磬折，不敢出一語，而胸中所懷，各以刀挺相向，安得復見此風哉！」

90 方志遠：《歷史上的奸臣與〈奸臣傳〉》，《文史知識》一九九八年第十二期，另見《新華文摘》一九九九年第四期。

取上旨。今顯及之，是彰上過也。」嚴世蕃和徐階都是楊、沈之
死的知情人，故所見皆同；林潤及其同僚不在政府，不知內情。
徐階的狡猾處，在於不動聲色地讓嚴嵩替世宗背黑鍋，而且一直
背下去，世宗下旨殺楊、沈，卻被徐階輕描淡寫成是嚴嵩搞的
鬼。而人們相信徐階的話，起因卻在嚴世蕃身上。

《罪惟錄》有一段並不引人注意的話：

　　上（按：指世宗）在位久，要威福自操，事事出上意。（嚴）
嵩承夏言之後，不敢有可否，間有所左右，直微引其詞。至上所
必欲殺，無所匡諍而已。（嚴）世蕃既外引嵩左右者，示德於天
下，則上意所欲殺者，天下競指嵩。[91]

　　查繼佐的分析合情合理，可以幫助人們解開一個疑團：為什
麼嘉靖朝一出冤案，時人便將賬算到嚴嵩身上？原來兒子在為他
招怨。既然官員的陞遷是嚴嵩的恩德，那麼，諍臣的冤死，自然
也是嚴嵩做了手腳。

　　幾乎所有關於嚴嵩的史料都說到他晚年溺信兒子嚴世蕃。
《明史・奸臣傳》更說：「（嚴）嵩雖警敏，能先意揣帝指，然帝
所下手詔，語多不可曉，惟世蕃一鑑了然，答語無不中。」是嚴
嵩晚年全靠兒子固寵。儘管嚴嵩一生謹慎，如履薄冰地伴君，嚴
世蕃卻在嬉笑怒罵地結怨。結果必然是在位越久，積怨越深，終

至身敗名裂。

嚴嵩之後，新建籍張位成了江西士人入閣的絕唱。萬曆十九年九月，張位以吏部侍郎、東閣大學士入閣。雖然是明代最後一位江西籍的大學士，張位卻是認真在政壇上摺騰了幾番。當時的首輔是浙江蘭溪人趙一皋，但「志皋衰，（張）位精悍敢任，政事多所裁決」。

張居正去世後，明神宗將積壓多年的怨氣發洩出來，對其進行清算。長期以來受到內閣壓制的吏部奪回失去的陣地，「黜陟權盡還吏部，政府不得侵撓」，張居正的繼承人申時行等人成了「維持內閣」。張位對這一狀況深感不滿，處處與吏部作梗。從萬曆十九年至二十六年，張位在內閣的七年間，陸光祖、孫鑨、陳有年、孫丕揚、蔡國珍等人先後從吏部尚書任上去位，除了陸光祖，其餘四人皆因張位的掣肘，「不安其位而去」[92]。特別是孫丕揚，為了抵制張位干預吏部銓選、安排其江西同鄉，竟創造出「掣籤」法，即用抽籤的方式來安排中下級官員職務，成為千古笑柄。沈德符《萬曆野獲編》記：「吏部掣籤之法，始自邇年孫富平太宰，古今所未有也。孫以夙望起，與新建張相尋端相攻，慮銓政鼠穴難塞，為張所持，乃建此議。」[93]

其實，沈德符對江西人也是有偏見的。永樂十三年，太監王房等督夫六千人在遼東黑山淘金，十五年，又命內臣在廣西南丹

92　《明史》卷二一九《張位傳》。
93　沈德符：《萬曆野獲編》，卷十《吏部·掣籤授官》。

州開金礦；成化十年，命內臣在湖廣寶慶府開金礦，每年役夫五十五萬人；萬曆時，礦監稅使遍天下。不管是否確實，沈德符認定這是江西吉水胡廣、安福彭時、新建張位執政時為照顧江西商人所致。[94]雖說是偏見，但至少說明直到沈德符所生活的萬曆後期，江西士人仍在明代政局中發揮重要影響。

此時的明朝政壇，群臣的結幫拉派已經極為明顯。由於張位遇事敢於擔當，同時也樂於此道，故不免深陷其中。《明史・張位傳》記：「（張）位初官翰林，聲望甚重，朝士冀其大用。及入政府，招權示威，素望漸衰。給事中劉道亨劾位奸貪數十事，位憤力辨，遂落道亨三官。呂坤、張養蒙與孫丕揚交好，而沈思孝、徐作、劉應秋、劉楚先、戴士衡、楊廷蘭則與位善，各有所左右。」在以張位為代表的內閣與孫丕揚為代表的吏部的權力之爭中，對立的雙方壁壘分明。張位的反對力量主要是「北人」，而支持者卻是「南人」[95]。

94　沈德符：《萬曆野獲編》，卷二《列朝・礦場》。又按：前引丁文江《奉新宋長庚先生傳》也說當日江西人礦業之盛，沈德符的猜疑並非憲全沒有道理。

95　按：與張位對立的呂坤為河南寧陵人、張養蒙為山凱撒州人、孫丕揚為陝西宮平人；而張位的支持者，沈思孝為浙江嘉興人、劉楚先為湖廣江陵人、戴士衡為福建蒂田人，徐作、楊廷蘭為江西南昌人，劉應秋為江西吉水人。關於明代「南人」與「北人」的矛盾和鬥爭，參見方志遠：《（明）成化皇帝大傳》（遼寧教育出版社 1994 年版）、《明代城市與市民文學》（中華書局 2004 年版）、《論明代宦官的知識化問題》（《江西師大學報》1989 年第 3 期）、《明代蘇松江浙人」毋得任戶部「考」（《歷史研究》2004 年第 4 期）。

不僅如此，還有一位江西臨川籍「山人」樂新爐在其中活動。樂新爐積極為同鄉勢力的擴張而製造政治輿論，這也是成化時期李孜省的勾當，其結局也和李孜省相似，下詔獄而死。張位表面上是因為「妖書」《憂危竑議》事件，實則是因為派系鬥爭而被「除名為民」。受其牽連，一批江西籍官員被貶黜，其中包括右都御史南昌徐作、祭酒吉水劉應秋、給事中南昌楊廷蘭、主事南昌萬建昆，以及侍郎湖廣江陵劉楚先。[96]

這一次清除，既是江西士人在明後期政局中所遭受的重創，在一定程度上又加劇了明代政壇上的幫派鬥爭。其後，雖然有吉水鄒元標等人仍然活躍在政治舞台，但江西士人已被排除在明朝最高權力機關之外。故在萬曆天啟間的黨爭中，江西士人已經形不成獨立的氣候。與此同時，江西士人的科舉之路也艱難起來，更多的士人另尋其他更為便捷的生存方式——從事工商業（詳見本書第四章）。

嚴嵩、張位之外，在嘉靖、萬曆時期還有多位江西士大夫在中央政治中發揮著重要作用，其著名的有桂萼、夏言等人。

桂萼，字子實，號古山，安仁人。正德六年進士。嘉靖初由成安知縣遷南京刑部主事，以疏請稱孝宗皇伯考、興獻帝皇考，受知於世宗，與張璁等為議禮新貴，擢至禮部尚書兼武英殿大學士，入閣預機務。其議事決策，「皆有裨君德時政者」。但生性

---

96 《明史》卷二一九《張位傳》。

好猜忌，又好排異己，「故不為物論所容」[97]。

夏言，字公謹，號桂洲，貴溪人。正德十二年進士。居言路、裁冗員、核莊田，疏劾宦官趙霖、建昌侯張延齡等。嘉靖二年出按皇莊，力主歸還侵民之產，禁止勳戚受獻莊田，頗得世宗讚許。九年進吏科都給事中，以贊郊禮有功，而所撰清詞最合世宗意。「孚敬（張璁）頤指百僚，無敢與抗者。言自以受帝知，獨不為下……時士大夫猶惡孚敬，恃言抗之」。累官禮部右侍郎、禮部尚書等。十五年又加少保、少傅、太子少師，以本官兼武英殿大學士入閣預機務。及入閣，「李時為首輔，政多自（夏）言出。顧鼎臣入，恃先達且年長，頗欲有所可否。（夏）言意不悅，鼎臣遂不敢與爭。……鼎臣已歿，翟鑾再入，恂恂若屬吏然，不敢少齟齬。……（夏）言雖在告，閣事多取裁」。世宗指責道：「言官為朝廷耳目，專聽（夏）言主使。朕不早朝，（夏）言亦不入閣。軍國重事，取裁私家。王言要密，視等戲玩。」所言雖不盡實，但亦決非空穴來風。其為人頗自負，遭忌於嚴嵩等。嘉靖二十七年，夏言被世宗以啟釁河套，交結近侍之名處死。隆慶初，復故官，諡文敏。

嘉靖朝的部院大臣中，江西籍官員的出任情況大體是：吏部尚書五人，侍郎三人；禮部尚書五人，侍郎七人；兵部尚書三人，侍郎六人；刑部尚書三人，侍郎十五人；工部尚書四人，侍郎七人；都察院左右都御史四人，副都御史十一人；通政使一

97　《明史》卷一九六《桂萼傳》。

人，大理卿五人。[98]翰林學士六人，侍講讀學士四人，祭酒六人。[99]其中影響較著者，有羅欽順（泰和人）、趙璜（安福人）、汪俊（弋陽人）、劉麟（安仁人）、熊浹（南昌人）、周期雍（寧州人）、歐陽必進（泰和人）、費采（鉛山人）、歐陽德（泰和人）、吳山（高安人）、范瓀（東鄉人）、聶豹（永豐人）、毛伯溫（吉水人）、文明（萍鄉人）、雷禮（豐城人）、譚綸（宜黃人）、萬鏜（進賢人）等。他們在處理「南倭北虜」之患、平定安南叛亂、挽救明王朝統治危機等方面，起過一些積極的作用，而譚綸更與戚繼光並稱「譚戚」。同時，由於統治集團內部存在不同地區、不同階層的矛盾，江西籍官員也都不同程度地捲入了尖銳激烈的矛盾漩渦之中。

江西籍官員在明代後期的政治中也並非一無所為，如在著名的「東林」與閹黨之爭中，在籍貫可考的官員中，江西無一閹黨[100]，而在「東林黨」的主要成員中，江西在數量上僅次於南直、陝西，名列第三[101]。吉水鄒元標是「東林黨」的重要首領之一，與北直趙南星、南直顧憲成號為「三君」。此外，閣臣吳道南（崇仁人）、蔡國用（金溪人），部院李邦華（吉水人）、李日宣（吉水人）、熊明遇（進賢人）也頗有時譽。

98　據王世貞《弇山堂別集》卷四五—六一統計。
99　據《明書》卷三三統計。
100　趙翼：《廿二史札記》，卷三五。
101　據李桉《東林黨籍考》（人民出版社 1957 年版）統計。

第三節 ▶ 江西士大夫的政見與政績

一 江西士大夫的氣節與政見

江西士大夫對明代政局的重大影響，不僅僅是因為有處在政局中心的解縉、楊士奇、陳循、夏言、嚴嵩等人，也包括那些為著自己的理想而克己奉公、興利除弊乃至捨生取義者。所謂「疾風知勁草，板蕩識英雄」，在明代政局的所有動盪之時，總有江西士大夫挺身而出，代表社會輿論與傳統道德，張揚正義，鞭撻邪惡。

江西士大夫群體型象的出現，其實不必等到解縉、楊士奇出現於內閣以後，而是在建文帝「遜國」之時。《明史》卷一四一讚曰：

> 帝王成事，蓋由天授。成祖之得天下，非人力所能御也。齊、黃、方、練之儔，抱謀國之忠，而乏制勝之策。然其忠憤激發，視刀鋸鼎鑊甘之若飴，百世而下凜凜猶有生氣。是豈澌然不恤國事而以一死自謝者所可同日道哉！由是觀之，固未可以成敗之常見論也。

這些「抱謀國之忠而乏制勝之策」、「視刀鋸鼎鑊甘之若飴、百世而下凜凜猶有生氣」者的代表人物中，齊為南直溧水齊泰、方為浙江寧海方孝孺，黃、練則為江西黃子澄和練子寧。

黃子澄名湜，分宜人，洪武十八年進士，授修撰，伴讀東

宮，累官太常卿。建文帝即位後兼翰林學士，與齊泰同被倚為股肱，共參軍國大計。鑑於北方藩王勢力日盛，齊、黃二人建議削奪諸藩兵權。以後朱棣發動「靖難」之變，便是以清除黃子澄、齊泰「奸臣」誤國為名，而行奪取皇位之實。練子寧名安，新淦人，洪武十八年榜眼，授修撰，累官吏部侍郎，遷左副都御史，以堅決支持削藩而深獲信任。朱棣奪位後，拘捕黃子澄、練子寧，「親詰之，抗辯不屈，磔死。族人無少長皆斬，姻黨悉戍邊」。練子寧侄大亨，時任嘉定知縣，聞變後與妻沉河而死；裡人徐子權以進士為刑部主事，聞練子寧死，慟哭賦詩而自殺。[102]

在「靖難」之役後殉難的江西士大夫，還有王艮等人。王艮字敬止，吉水人。建文二年進士，與同鄉胡靖（即胡廣）、李貫囊括一甲三名。朱棣兵臨城下時，王艮與妻子訣別說：「食人之祿者，死人之事。吾不可復生矣。」解縉、吳溥與王艮、胡靖是鄰居，城陷前夜，都聚集在吳溥家商議。解縉陳說大義，胡靖亦奮激慷慨，王艮獨流涕不言。三人離開後，吳溥的兒子吳與弼尚年幼，嘆曰：「胡叔能死，是大佳事。」吳溥曰：「不然，獨王叔死耳。」語未畢，隔牆聞胡靖呼：「外喧甚，謹視豚。」吳溥對吳與弼曰：「一豚尚不能捨，肯捨生乎？」片刻後王艮在家大哭，飲鴆而死。第二天解縉、胡靖、李貫等皆迎附朱棣。後明成祖出示建文時群臣奏疏千餘通，令解縉等編閱，其中涉及兵農、錢谷者留之，凡言語干犯者，皆焚燬。朱棣笑問李貫、解縉等

---

102 《明史》卷一四一《黃子澄傳》、《練子寧傳》。

人：諸位應該也都有吧？眾人未答，李貫獨頓首曰：「臣實未嘗有也。」成祖遂厲聲道：「爾以無為美耶？食其祿，任其事，當國家危急，官近侍獨無一言可乎？朕特惡夫誘建文壞祖法亂政者耳。」後李貫坐累，死於獄中，臨死之前嘆曰：「吾愧王敬止矣。」[103]

《明史》卷一四三贊曰：

靖難之役，朝臣多捐軀殉國。若王艮以下諸人之從容就節，非大義素明者不能也。高巍一介布衣，慷慨上書，請歸藩服。其持論甚偉，又能超然遠引，晦跡自全，可稱奇士。若夫行遯諸賢，雖其姓字雜出於諸家傳紀，未足徵信，而忠義奇節，人多樂道之者。《傳》曰：「與其過而去之，寧過而存之。」亦足以扶植綱常，使懦夫有立志也。

《國榷》記載朱棣進入南京後，第一批因拒絕合作而被殺的京官十九人，其中有四人為江西士大夫，黃、練之外，還有禮部侍郎吉安黃魁和大理寺左少卿鄱陽胡閏。第一批自殺殉節者共十六人，江西有三人：翰林院修撰吉水王艮、監察御史永豐魏冕、大理寺丞永豐鄒瑾。接著，又有衡府紀善周是修自縊家中。《明史》本傳說到了周是修的氣節，卻又故意點出了未能與周是修一同赴難的背信棄義的其他江西人：「是修外和內剛，志操卓犖，

---

103 《明史》卷一四三《王艮傳》。

557

第五章・江西士大夫與明代政治

・三清山上形似明孝陵的墓塚（方志遠攝）

非其義，一介不苟得也。嘗曰：『忠臣不計得失，故言無不直。烈女不慮死生，故行無不果。』嘗輯古今忠節事為《觀感錄》。其學自經史百家，陰陽醫卜，靡不通究。為文援筆立就，而雅贍條達。初與士奇、縉、靖及金幼孜、黃淮、胡儼約同死。臨難，惟是修竟行其志云。」可見，在明朝歷史的這一重大轉折時期，江西士大夫的表現，無論是死難者還是歸附者，都受到輿論的普遍關注。在此後的一些重要關節也同樣如此。明後期王士性指出：「吉安夙稱節義之鄉，然至宋而盛。……至本朝靖難，又有周紀善是修、曾御史鳳韶、魏御史冕、王編修艮、顏沛縣伯瑋、

王教諭省、鄒大理瑾、彭大理與明八人，良非他處所及。」[104]

　　建文帝的下落是明史一大謎案，江西上饒地區一直流傳著建文帝隱身三清山的傳說。三清山上三清宮一處規模恢宏的墓冢，名為「明治山詹碧雲藏竹之所」。大殿石柱楹聯鐫刻的「一統大明祝皇祚於百世千世萬世，三元無極存道氣於玉清上清太清」，當地相傳為建文帝所題。該墓冢形似明孝陵，暗藏許多玄機。

　　以下簡略介紹一些江西士大夫的言行，以見其氣節與政見。

　　錢習禮，名干，吉水人。永樂九年進士，選庶吉士，授檢討。習禮與練子寧為姻戚，入仕後鄉人視之為奸黨，故常惴惴不安。楊榮趁機攻之，成祖笑道：「使子寧在，朕猶當用之，況習禮乎？」宣德元年修兩朝《實錄》，與侍講陳敬宗同召還，進侍讀學士。英宗開經筵，習禮為講官。《宣宗實錄》修成後擢升學士，掌院事。翰林院落成後，諸殿閣大學士皆至，習禮不設楊士奇、楊溥座，曰：「此非三公府也。」正統年間王振當政，官員多登門造訪，獨習禮以之為恥。[105]

　　周敘，字公敘，吉水人。永樂十六年進士，選庶吉士，授編修。歷官侍讀，為經筵講官。正統十一年升南京侍講學士。時郕王朱祁鈺監國，周敘上疏道：「君父之仇不共戴天，殿下宜臥薪嘗膽，如越之報吳。使智者獻謀，勇者效力，務掃北庭，雪國恥。先遣辯士，卑詞重幣乞還鑾輿，暫為君父屈。」後又疏言勵

104 王士性：《廣志繹》，卷四《江南諸省》。
105 《明史》卷一五二《錢習禮傳》。

剛明、親經史、修軍政、選賢才、安民心、廣言路、謹微漸、修庶政八事，得到景帝的欣賞。景泰二年奏請恢復午朝，每日接見大臣以諮諏治道，於經筵之餘，召文學從臣講論政事，並詔天下臣民直言時政缺失。[106]

劉子輔，廬陵人。由國子生擢升監察御史，巡按浙江。為官廉潔，性格平和，得到地方人士的稱讚。按察使周新不輕易譽人，但唯獨稱許劉子輔賢德。遷廣東按察使，後坐累而左遷諒江知府，善於安撫民眾，順從民意。越南黎利叛反，劉子輔與守將、兵民死守達九個月之久。城陷之日慨然曰：「吾義不污賊刃。」遂自縊而死，其一子一妾亦皆死。[107]

劉球，字廷振，安福人。永樂十九年進士。居家讀書講學十年，追隨者眾多。授禮部主事。正統六年，英宗聽從王振所言，欲大舉征麓川，劉球上疏力諫，請「罷大舉之議」，並請推選智謀將帥，輔以才識大臣，量調官軍，分屯金齒諸要害。「結木邦諸蠻以為援，乘間進攻，因便撫諭，而寇自可服。」劉球特別指出：「西北障塞，當敕邊臣巡視。浚築溝垣，增繕城堡，勤訓練，嚴守望，以防不虞，如此則有備無患。」由此王振懷恨在心，下劉球於獄並殺之。劉球死後數年，瓦剌果然大舉入寇，結果英宗被俘，王振被殺。景帝念劉球忠烈，贈翰林學士，謚忠

---

106 《明史》卷一五二《周敘傳》。
107 《明史》卷一五四《劉子輔傳》。

愍，立祠於鄉以供祭祀。[108]

陳鑑，字貞明，高安人。宣德二年進士，授行人。正統中，擢御史，出按順天，上疏指出京師風俗澆漓，原因有五：一，事佛過甚；二，營喪破家；三，服食靡麗；四，優倡為蠹；五，博塞成風。改按貴州。時麓川酋思任發子思機發遁孟養，屢上書求宥罪通貢，朝廷不許。復大舉遠征，兵禍連年，雲貴軍民疲敝。苗民趁機煽動，閩、浙間「盜賊」大起。舉朝皆知其不可，但懾於劉球以忤王振冤死，不敢言事進諫。獨陳鑑抗疏，請息雲貴之兵。王振大怒，改陳鑑為雲南參議，又藉故下其於獄，景帝即位後才獲赦免。[109]

鍾同，字世京，吉安永豐人。幼時入吉安忠節祠，見所祀歐陽修、楊邦義等人，遂立志效法鄉賢，「死不入此，非夫也」。景泰二年舉進士，次年授御史，五年五月，鍾同因上疏議論時政時，遂及復儲事，力言復立英宗長子沂王朱見深為太子。疏入，景帝不悅。六年八月，大理少卿廖莊也因以言及沂王事被杖。有人說此事由鍾同倡首，景帝遂命人杖殺鍾同。死時年僅三十二。英宗復位後，贈鍾同大理左寺丞，諡恭愍，與劉球等人同祀忠節祠。[110]

楊瑄，字廷獻，豐城人。景泰五年進士，授御史。天順初，

108 《明史》卷一六二《劉球傳》。
109 《明史》卷一六二《陳鑑傳》。
110 《明史》卷一六二《鍾同傳》。

有民人訴曹吉祥、石亨奪其田。職業責任感和剛直敢言的性格使楊瑄聯合言官並列二人怙寵專權狀，是所謂的「楊瑄彈劾案」。英宗謂大學士李賢、徐有貞：「真御史也。」本欲擢用，但屈於曹吉祥、石亨的壓力，反將其謫戍。憲宗即位，並還故官。先後任浙江按察副使、按察使。成化十三年，楊瑄認為海鹽石塘損壞，系疊砌直立激潮所致，因仿王安石在鄞縣築法，改塘為陂陀形。先打木樁護腳，貼樁置橫石為枕，然後用豎石斜砌，並堆碎石於內支墊，共築塘二三〇〇丈，為錢塘江海塘改直立式為斜坡式的率先嘗試。在任期間，還修建定海（今鎮海）後海塘；奏請疏濬杭州西湖及城河，並開湧金水門，引湖水入城河，出清湖閘，灌溉仁和一帶農田。未及竣工，人已離世。海鹽民眾懷念其築塘功績，建廟以紀念。[111]

單宇，字時泰，臨川人。正統四年進士。任浙江嵊縣知縣，因治吏甚嚴而遭吏誣奏，以致下獄。事白調往諸暨。適逢英宗被俘，單宇憤恨宦官監軍導致喪師，遂上疏請盡罷宦官，並上書請罷遣僧尼。[112]

何喬新，字廷秀，廣昌人。父何文淵，永樂十六年進士，景泰時官至吏部尚書，英宗復辟後畏懼而自縊。何喬新此時已中景泰五年進士。官南京禮部主事，改刑部主事，歷廣東司郎中。因將袁彬屬下錦衣衛繩之以法而聲名大起。成化四年遷福建副使，

---

111 《明史》卷一六二《楊瑄傳》。
112 《明史》卷一六四《單宇傳》。

減免地方課稅。遷河南按察使，招撫流民六萬餘戶。任湖廣布政使時，有鑑於荊州徭役攤派不公，民眾不堪其苦，遂下令重新核查人口，並按貧富分成九等，按等級負擔徭役租賦，大大減輕百姓的負擔。十六年擢右副都御史，巡撫山西。時山西大飢，人相食，憲宗命何喬新主持賑災，全活飢民三十餘萬人。二十二年，播州地區楊友、楊愛兄弟因爭奪宣慰使一職而發生動亂，朝廷命何喬新前往調查。何喬新到播州後，將事情查明，與巡撫劉璋一同上疏替楊愛辯誣，真相大白。孝宗即位後，因遭萬安、劉吉等人忌恨，何喬新被排擠出京師，任南京刑部尚書。因上疏請將沿江蘆洲給還軍民，得罪了宦官。弘治改元，因王恕推薦，召為刑部尚書。

何喬新廉潔剛介，一再拒禮不受。初中進士在工部試職奉命出使淮西，來到巢縣（今屬安徽）。縣令閻徽曾是何喬新父親何文淵的學生，特備金幣為禮相贈。何喬新堅持不受。閻徽道：「以壽吾師耳。」何喬新聽後答道：「子欲壽吾親，因他人致之則可，因吾致之則不可。」終究不肯收下。在福建擔任副使時，掌管福建市舶司太監病故，其家產無人繼承，遂由鎮守太監安排分送福建三司官員。唯獨何喬新嚴拒不收，後因難以推辭，遂送交國庫。何喬新致仕還鄉後，播州宣慰使楊愛命人送來禮物，既報當年之恩，又可免結交廷臣之嫌。禮物不僅豐厚，還有上等木料可做壽材。何喬新亦堅辭不受。[113]

113 《明史》卷一八三《何喬新傳》。

熊浹，字悅之，南昌人。正德九年進士。授禮科給事中。寧王朱宸濠舉事前，熊浹與同邑御史熊蘭上疏報告，打亂了朱宸濠的部署，致使其倉促起事。在「大禮議」風波中支持世宗，嘉靖初，由右給事中出為河南參議。擢右僉都御史，協理院事，八年二月遂擢升為右都御史，掌管院事。因受京師「張福訴裡人張柱」案的牽連，被褫職。家居十年，後召為南京禮部尚書，二十一年召為兵部尚書，掌都察院事。二年後，為吏部尚書。嘉靖皇帝於禁宮內築玄仙台，熊浹上疏言此荒誕，終被削職為民。熊浹有氣節，能自守，雖因議禮發達顯貴，但並不結黨營私，尤其愛護人才。隆慶初復官，並按規格舉行葬禮，諡恭肅。[114]

周延，字南喬，吉水人。嘉靖二年進士。先任潛江知縣，再遷新會知縣，擢兵科給事中。由於為王守仁辯護，貶謫太倉州判官。歷南京吏部郎中，出為廣東參政。出撫安南，征討「黎寇」，皆參與其事並有功。三遷廣東左布政使，以右副都御史巡撫應天。進兵部右侍郎，提督兩廣軍務。召為刑部左侍郎。歷南京右都御史，吏、兵二部尚書。嘉靖三十四年召為左都御史。周延不苟言笑，廉潔奉公，未曾有染賄賂。[115]

吳道南，字會甫，崇仁人。萬曆十七年進士。授編修，進左中允，直講東宮。擢禮部右侍郎，署理部事。四十一年九月，進禮部尚書兼東閣大學士，參預機務。任上請追諡建文朝忠臣。京

---

114 《明史》卷一九七《熊浹傳》。
115 《明史》卷二〇二《周延傳》。

師久旱無雨，吳道南藉機上疏言應除弊端，「除此數郁，不崇朝而雨露遍天下」。遇事有操執，以政體為重。出使朝鮮的貢使歸來後，奏請開放火藥市場，吳道南出於國家安全的考慮，予以駁回。吐魯番進貢美玉，道南也反對收納。鄱陽湖以前不征商稅，自宦官為稅使後，遂在湖口置關征課，道南主張罷關勿征。在內閣多年，頗有時望。[116]

宋儀望，字望之，吉安永豐人。嘉靖二十六年進士。授吳縣知縣，禁止火葬，創子游祠，建立書院，政績甚著。征授御史，陳時務十二策，揭露胡宗憲、阮鶚等人的貪污奸邪行為，由此得罪嚴嵩，又因督三殿門工時得罪嚴世蕃，遂貶為夷陵判官。嚴嵩去位後，擢霸州兵備僉事，進大名兵備副使，後改任福建。與戚繼光合兵破倭，列海防善後事宜。隆慶時四遷大理少卿。萬曆二年，張居正當國，素知宋儀望才能，擢為右僉都御史，巡撫應天諸府。任上奏減江南重賦，與副使王叔果修戰備，御倭有功，進右副都御史。後因違忤張居正，被彈劾罷歸。[117]宋儀望也是江右王門弟子中較有名的學者。

李材，字孟誠，豐城人。嘉靖四十一年進士，授刑部主事。從鄒守益講學，訪唐樞、王畿、錢德洪等。隆慶中還朝。由兵部郎中稍遷廣東僉事，因破倭寇有功，進副使。萬曆初年，張居正當政，李材遂託病辭職而去。張居正死後，起官山東，調遼東開

116 《明史》卷二一七《吳道南傳》。
117 《明史》卷二二七《宋儀望傳》。

原，不久遷雲南洱海參政，進按察使，備兵金騰，擊退緬甸的騷擾，維護了邊境的安寧。擢右僉都御史，撫治鄖陽。李材所到之處，聚徒講學，學者稱見羅先生。後因事下獄，問學者絡繹不絕。至戍所後，追隨者更多。李材也以此為樂，久之赦還。[118]

蕭廩，字可發，萬安人。嘉靖末進士，授行人。隆慶三年擢御史。派出核查陝西四鎮兵糧，將地方官吏所隱瞞霸占的數萬士兵歸伍，上奏請將楚府在塞下的牧地獻於朝廷。萬曆元年，巡按浙江。請祀建文朝忠臣十二人，從祀王守仁於文廟。擢太僕少卿，再遷南京太僕卿。九年，由光祿卿改右僉都御史，巡撫陝西。進右副都御史，移撫浙江。遷工部右侍郎，召改刑部。進兵部左侍郎，卒於任上，死後追贈尚書。蕭廩亦為江右王門著名學者，問學於歐陽德、鄒守益。[119]

李頤，字惟貞，余干人。隆慶二年進士。授中書舍人。博覽群書，精通典故，負有才名。萬曆初，擢御史。清查湖廣、廣西軍隊，請免士民遠戍。因不附張居正，出為湖州知府。遷蘇松兵備副使、湖廣按察使。後官復原職，蒞官陝西，進河南右布政使。擢右僉都御史，巡撫順天。進右副都御史，因平定軍隊動亂而進兵部右侍郎、左侍郎。後進右都御史。此時礦監稅使四出，李頤上疏反對宦官擾民干政。在任十年，極有威望。宦官因忌憚李頤廉正，京師百姓得以安寧。二十九年，代工部右侍郎管理河

---

118 《明史》卷二二七《李材傳》。
119 《明史》卷二二七《蕭廩傳》。

道。主張上築決口，下疏故道，方為經久之計。兩個月後，因勞累卒於任上。追贈兵部尚書。李頤為官清廉，仕宦三十餘年，一直布衣蔬食，出行則是破車瘦馬。[120]

蕭近高，字抑之，廬陵人。萬曆二十三年進士。授中書舍人，擢禮科給事中。上任後即疏請罷免礦監稅使、釋放獄中囚犯，神宗大怒，奪俸一年。屢遷刑科都給事中。遼東稅使高淮激起民變，蕭近高彈劾其罪，請求將其撤還。又極力陳述言路不通、耳目壅蔽之患，遂外用為浙江右參政，進按察使。以病歸家。後起浙江左布政使。所到之處都以操守聞名。泰昌元年召為太僕卿，歷工部左、右侍郎。天啟二年冬，再次引疾而去。五年冬，起南京兵部左侍郎。雖極力推辭，但未獲允許。此時魏忠賢氣焰囂張，蕭近高不想與之同流合污，遂再三拖延。給事中薛國觀劾其玩忽職守，被撤職。崇禎初年，再復原職。卒於家。[121]

朱吾弼，字諧卿，高安人。萬曆十七年進士。授寧國推官，徵授南京御史，因得罪大學士趙志皋遭謫戍。奏請建國本、簡閣臣、補言官、罷礦稅等事，因為沈一貫等所惡，亦因上疏忤旨，被罰停俸一年，遂移疾去。居三年，起南京光祿少卿，召為大理右丞。時齊、楚、浙三黨互相攻擊，朱吾弼不願捲入其中，遂復辭引疾而歸。熹宗立，召還，屢遷南京太僕寺卿。天啟五年劾

---

120 《明史》卷二二七《李頤傳》。
121 《明史》卷二四二《蕭近高傳》。

罷。[122]朱吾弼《尺牘新鈔》有言：「作官，當如將軍對敵；做人，當如處子防身。將軍失機，則一敗塗地；處子失節，則萬事瓦崩。慎之哉！」可見當時官場之險惡。

李曰輔，字元卿，南昌人。萬曆中舉於鄉，為成都推官。與巡撫朱燮元討論兵事，偕諸將攻復重慶。崇禎四年，擢南京御史。時礦監稅使四出掠奪，危害匪淺，李曰輔上疏加以反對：「臣愚實為寒心。陛下踐阼初，盡撤內臣，中外稱聖。昔何以撤，今何以遣？天下多故，擇將為先。陛下不築黃金台招頗、牧，乃汲汲內臣是遣，曾何補理亂之數哉！」崇禎帝大怒，貶謫李曰輔為廣東布政司照磨。[123]

二　江西士大夫在各地的政績

明前期，政績顯著的江西籍地方大吏有熊概、周忱與況鐘，主要著力解決江南地區的社會經濟問題。

熊概，字元節，豐城人，永樂九年進士，後任御史及廣西按察使，洪熙元年受命與葉春巡撫南畿、浙江地區，處理蘇、松一帶社會問題。這一地區的富戶，一直不滿於明王朝對該地區的打擊壓制政策，而蘇、松等處人民的逃亡人數，較之永樂初期不但未見減少，反而日趨增加。熊概抵任後，一改前任「庸懦不事事」的作風，誅殺暴民「聚黨八百餘人」，「悉捕豪惡數十輩」。

---

122 《明史》卷二四二《朱吾弼傳》。
123 《明史》卷二五八《李曰輔傳》。

熊概運用國家強大的打擊力量，實行猛政，用法甚嚴。「奸民憚之，騰謗書於朝」，甚至稱他「視此一方民人，不啻狐鬼焉」。[124]宣德二年，都御史彈劾熊概與葉春「所至作威福，縱兵擾民」。但「帝弗問」，且「陰使御史廉之，無所得」。熊概亦極力恤民，「諸當興革者皆列以聞。時屢遣部官至江南造紙、市銅鐵，概言水潦民飢，乞罷之」。其後熊概調離江南巡撫，任南京都察院右都御史。史稱熊概「性剛決，巡視江南，威名甚盛」，「熊概以下諸人，強幹者立聲威，愷悌者流惠愛，政績均有可紀。於謙、周忱巡撫最為有名，而勳業尤盛，故別著焉」[125]。

熊概的繼任即是周忱。周忱（1381-1453 年），字恂如，吉水人，永樂二年進士。「有經世才，浮沉郎署二十年，人無知者，獨夏原吉奇之」。宣德五年九月，由於大學士楊榮推薦，遷工部右侍郎巡撫江南諸府，總督稅糧。周忱抵任後，改變了熊概對江南地主偏重打擊的做法，與蘇州知府況鐘著重解決實際問題，採取平緩的政策。在處理賦稅問題上，創立平米法，官民分擔加耗，限制糧長權限，依民田起科。與僚屬、百姓平易相處，「與農夫餉婦相對，從容問所疾苦，為之商略處置」，「雖卑官冗吏，悉開心訪納。遇長吏有能，如況鐘……輩，則推心與咨畫，務盡其長」。周忱「性機警，錢谷鉅萬，一屈指無遺算」。當時言理財者，無出周忱之右，其治以愛民為本。史稱：「終忱在

---

124 談遷：《國榷》卷二〇。
125 《明史》卷一五九《熊概傳》。

・況公像碑拓片（局部）
該像碑為明正統間刻
石，青石質地，寬 54
釐米，長 92 釐米，厚
20 釐米。像碑分上、
中、下三部分，上為楊
士奇所作況鍾讚語，中
為況鍾半身像，下為明
代儒學訓導題語。現藏
蘇州碑刻博物館。

任，江南數大郡，小民不知凶荒，兩稅未嘗逋負，忱之力也。」
景泰二年周忱遭彈劾致仕，後「吳大飢，道殣相望，課逋如故
矣。民益思忱不已，即生祠處處祀之」。卒後諡文襄。《明史》
贊曰：「周忱治財賦，民不擾而廩有餘羨。此無他故，殫公心以
體國，而才力足以濟之。」[126]

　　況鍾（1383-1442 年），字伯律，號如愚，靖安人。起初為
縣書吏，吏部尚書呂震奇其才，薦授為禮部儀制司主事。宣德五
年，被薦舉出任蘇州知府，因勇於任事、政績卓著留任達十三年
之久，於英宗正統七年卒於任所。況鍾知蘇州之前，該地賦稅繁
重，官吏貪刻，號稱「難治」之地。況鍾到任後，關心民瘼，秉

126 《明史》卷一五三《周忱傳》。

公執法，興利除害，使蘇州吏治為之一新。其主要政績有：一、整飭吏治。親自清查、審理較大貪污案件，處死貪贓枉法官吏數人，撤換了一大批平庸無能屬官，選拔培養廉正之士分任各級官吏。二、減削田賦，廢除苛捐雜稅。三、清理軍籍，釋放無辜平民，緝拿不法衛所官兵，糾劾不法的監察御史。四、興修太湖一帶水利，設濟農倉，防備饑荒，修建學校，培養人才。況鍾剛正執法，興利除弊，深受蘇州百姓愛戴，稱之為「況青天」。宣德六年三月，況鍾因「丁憂」離任回原籍，蘇州百姓四萬餘人上書稱道其賢能，請求起復，於是朝廷讓其「奪情」復任。正統六年冬，況鍾任蘇州知府九年到期，又有民眾二萬餘人乞請連任。英宗因此下旨命況鍾「升按察使正三品職俸，署蘇州府事」。這是自明朝建國七十餘年來所沒有的規格和禮遇。蘇州府本是富庶之地，經過況鍾多年精心治理，更是呈現出吏治清明、物阜民豐的景象。況鍾逝世後，蘇州吏民聚哭通衢，立況公祠，永為紀念。**127**

　　明代中後期，在江西籍官員中，產生了一批傑出的經世之才，譚綸、鄧子龍、萬恭等可為代表。

　　譚綸（1520-1577 年），字子理，號二華，宜黃人。嘉靖二十三年進

·譚綸木刻像

第五章・江西士大夫與明代政治

士。譚綸之名，著於御倭，與戚繼光共事齊名，史稱「譚戚」[128]。譚綸自幼思維敏銳，智力過人，特別愛讀兵書。幼時觀察蜘蛛結網、蟋蟀相鬥，即將其與用兵打仗連繫起來，後來寫成《說物寓武》二十篇。譚綸是明代文官中的一個特殊人物，雖進士出身，但由於職務上的需要和個人的愛好，用兵之道竟成了其專長。因「沉毅知兵」，嘉靖二十九年升任台州知府，率軍三戰三捷，擊敗倭寇，軍威大振。四十二年巡撫福建，率戚繼光、俞大猷等平定境內倭寇。四十四年，任兩廣總督兼廣西巡撫。隆慶元年升兵部左侍郎兼都察院右僉都御史，總督薊、遼、保定軍務。與戚繼光訓練軍隊，整飭邊防，親自鎮守居庸關至山海關一帶，修築邊牆二千餘里，增築砲臺三千座，造戰車七百乘、佛朗機五千架。「邊備大飭，敵不敢犯」，因功升兵部尚書。譚綸歷事三朝，主持兵事垂三十年，南殲倭寇，北拒強虜，為解決明朝的「南倭北虜」問題，為鞏固明代邊防立下了赫赫戰功，被朝廷視為「矯矯虎臣，腹心干城」。知人善任，因才授事，發現和培養了像戚繼光、俞大猷、劉顯、李梁、李超、陳其可、胡守仁等一大批戰將，並敢於向朝廷為其伸張正義。戚繼光、俞大猷、游震德都曾革職或入獄，譚綸冒險進諫，使他們繼續得到重用，贏得了將帥們的衷心擁戴。《明史・戚繼光傳》贊云：「繼光用兵，威名震寰宇，然當張居正、譚綸任國事則成，厥後張鼎思、張希皋居言路則廢，任將之道，亦可知矣。」萬曆五年，病卒於北京任上。

128　《明史》卷二二二《譚綸傳》。

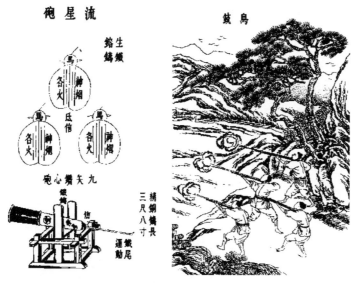

· 流星炮圖，《天工開物》卷下　· 鳥銃圖，《天工開物》卷下《佳兵》。
《佳兵》。

贈太子太保，諡襄敏。著有《譚襄敏公集》。

　　鄧子龍（1531-1598），字武橋，號大千，別號虎冠道人，豐城人。「貌魁梧，驍捷絕倫。嘉靖中，江西賊起，掠樟樹鎮。子龍應有司募，破平之。累功授廣東把總。」萬曆四年，江西巡撫潘季馴派遣鄧子龍率兵鎮壓寧州大溈山農民起義，次年於寧州銅鼓石設銅鼓營，任銅鼓營守備，遂築垣壘城，是為今銅鼓縣城建城之始。萬曆十一年，緬甸軍犯雲南，鄧子龍率部平定，升副總兵，後戍邊雲南，二十年遭劾罷歸。二十六年，日本大舉入侵朝鮮，鄧子龍奉命援朝，以副總兵從總兵陳璘，率水師與朝鮮名將李舜臣配合作戰。在釜山南部鷺梁海戰中，年近古稀的鄧子龍奮勇直前，「賊死傷無算。他舟誤擲火器入子龍舟，舟中火，賊乘

之，子龍戰死。舜臣赴救，亦死」。鄧子龍遺體歸葬豐城。明廷贈都督僉事，朝鮮為之立廟，世代祭祀。[129]善詩文書法，著有《橫戈集》、《陣法直指》、《風水說》等。

‧鄧子龍《登飛山》詩石碑

為明代邊疆的安全起過重要作用的江西籍名將還有劉顯、劉綎父子。

劉顯（1515-1581 年），本姓龔，南昌高田龔村（今屬向塘鎮）人，因家境落魄，流落到四川，被四川衛使劉岷收留，相處如父子，於是改姓劉。嘉靖三十四年，宜賓苗亂，劉顯隨軍參戰，由是知名。後遷為參將，分守蘇松，擊退進犯倭寇。劉顯因此功而晉陞三級，任副總兵，協守江浙。後劉顯犯事獲罪，因應天巡撫翁大立保薦才得以留任。嘉靖四十一年五月，劉顯充任總兵官鎮守廣東。適逢福建倭寇猖獗，遂領兵前往，配合戚繼光痛擊倭寇。

劉顯具有大將的謀略，但為官時常不守法度，遭巡按御史彈劾，被革職查辦。隆慶時恢復原職，鎮守貴州、四川。在四川充分展示了他的軍事才能，平定了當地的叛亂。事後，劉顯託病請

129 《明史》卷二四七《鄧子龍傳》。

辭，未果，卒於任上。[130]

　　劉綎（1558-1619 年），字省吾，劉顯之子勇敢有父風。萬曆初年，隨父征討九絲蠻，初露鋒芒。萬曆十一年，劉綎率軍平定雲南叛亂，擊敗進犯的緬甸軍隊，因功晉陞為副總兵，給予世蔭。後因驕貪且縱容部下燒殺搶掠而被革職。萬曆十三年冬，曲靖屬州發生叛亂，巡撫劉世曾大膽啟用劉綎。平叛後，劉綎錄用為廣西參將，移鎮四川。二十五年五月，日軍侵犯朝鮮，朝鮮請援。劉綎受命為御倭總兵官，率兵前往征討，因擊退倭寇有功，晉陞都督同知。隨後被調南征，平定播州楊應龍叛亂，升為左都督。萬曆四十六年，清兵破撫順，劉綎率軍前往抵禦。翌年，劉綎及養子劉招孫戰死沙場。

　　劉綎自平定九絲蠻立功，至抵禦清兵戰死，一生身經大小戰爭數百次，「威名震海內」。劉綎死後，「舉朝大悚，邊事日難為矣」。所用兵器重一二〇斤，馬上輪轉如飛，人稱「劉大刀」。天啟初年，贈少保，立祠曰「表忠」[131]。

　　明中後期治理黃河的專家隊伍有江西人萬恭、朱衡等人。

　　萬恭[132]（1515-1592 年），字肅卿，南昌人。嘉靖二十三年進士。授南京文選主事，遷光祿少卿，入改大理。四十二年，為兵部右侍郎。第二年兼僉都御史，巡撫山西。在山西西北部沿黃

---

130 《明史》卷二一二《劉顯傳》。
131 《明史》卷二四七《劉綎傳》。
132 《明史》卷二二三《萬恭傳》。

河一帶築邊牆四十里,以防「套寇」東掠,並教授當地人民耕作技術和利用水車的方法,發展農業,頗有政績,後因內艱歸里,不復出。隆慶以來,黃河連年決口,洪水橫流,運道受阻,總理河道的官員雖頻頻更換,但成效甚微。從隆慶六年起,萬恭與工部尚書朱衡總理河道,治理黃河。萬恭改變以往的治河策略,首先提出「束水攻沙」與「以河治河」的新思路。自此,築堤束水,以水攻沙,淤灘固堤的治河方略形成,並成為此後治黃策略的主流,而將此思想成功地運用到治黃實踐中的代表人物則是潘季馴和靳輔。[133]萬恭強毅敏達,治水三年,一時稱才臣。[134]他任

---

133 治水利史者都知道「築堤束水,以水攻沙」的治河方針是潘季馴最早提出來的。但這種束狹河床,加大流速,以水力來沖刷泥沙的治河思想,卻在萬永《治水筌蹄》裡已經出現。當時有個虞城(今河南虞城縣北利民集)生員向萬恭提出了「以河治河」的理論。他指出:「以人治河,不若以河治河也。夫河性急,借其性而役其力,則可淺可深,治在吾卓耳。法曰:如欲深北,則南其堤,而北自深;如欲深南,則北其堤,而南自深;如欲深中,則南北堤兩束之,沖中堅(間)焉,而中自深。此借其性而役其力也,功當萬之於人。」(《治水筌蹄》卷下)這裡所説的堤,指導流壩、挑水壩以及可以漫水流的滾水堰,與近代河工中順壩、丁壩極為相似。萬恭曾用此法於茶城運口、黃運交會處左岸(東岸)築導流壩,一以順黃河之流,使徑直南下,不致倒灌運口,一以緊束運河,加猛水力,以沖黃流,取得顯著效果。萬恭從實踐中充分認識到築堤束水治河的重要性,他認為:「水之為性也,專則急,分則緩,而河之為勢也,急則通,緩則淤,若能順其勢之所趨而堤以束之,河安得敗?」(《治水筌蹄》卷上)「故欲河不為暴,莫若令河專而深,欲河專而深,莫若束水急而驟。束水急而驟,使由地中,舍堤無別策。」所以他主張「順其勢堤防之、約束之,範我弛驅以於海」,使「淤不得停,則河深,河深則水不溢,亦不舍其下而趨其高,河乃不決。」(《治水筌蹄》卷下)這與潘季馴所謂「水分則勢緩,勢緩則沙停」,「勢猛則沙刷,沙刷則河深」的認

職的時間雖短，對黃、運兩河的治理卻做出了不少貢獻，如治理淮南運河，改築南運口，整治會通河（閘河）減水閘和改建引水工程，修築黃河堤防，植柳固堤等。所著《治水筌蹄》上、下兩卷，為中國古代的水利名著，總結了長期以來治河治運的經驗教訓及其治河思想、方法、措施等，對後世產生了深遠的影響。

朱衡[135]（1512-1584 年），字士南，號鎮山，萬安人。嘉靖十一年進士。歷任尤溪、婺源知縣，官聲很好。遷刑部主事，出為福建提學副使，累官山東布政使。三十九年，進右副都御史巡撫其地。召為工部右侍郎。四十四年，進南京刑部尚書。這年秋天，黃河於沛縣決口，淤塞運河百餘里。任朱衡工部尚書兼右副都御史，總理河漕。在具體的治理方案上，河道都御史潘季馴與朱衡發生了分歧，潘季馴以為疏濬舊渠更為方便，朱衡則堅持開挖新河。不久，潘季馴以憂去，詔朱衡兼理其事。隆慶元年，加太子少保。黃河水衝決新河，毀壞漕艘數百。朱衡乃用給事中吳時來言，開挖四條支河，洩洪入赤山湖。三年，朱衡上疏請撤閘官伕役，以為修渠費。四年秋，黃河再決口於睢寧，明廷起用潘

識完全一致。萬、潘二人是最反對黃河分流的，主張「堅築堤防，納水歸於一槽。「潘氏總結了前人的治河經驗（包括萬恭以前），進而提出「築堤束水，以水攻沙」的治河方針（潘季馴：《河防一覽》卷二《河議辨惑》），後來治河者均奉為圭臬。在這一點上萬恭的貢獻是不容忽視的。參見鄒逸麟：《萬恭和〈治水釜蹄〉》，《歷史地理》第三輯，上海人民出版社一九八四年版。

134 《明史》卷二二三《萬恭傳》。
135 《明史》卷二二三《朱衡傳》。

季馴總理河道兼提督軍務。六年正月，詔朱衡兼左副都御史，經理河道。隆慶帝駕崩後，朱衡被委任總督昭陵事務。朱衡剛強耿直，遇事不撓，不為張居正所喜。萬曆二年，遭彈劾，遂上疏乞求退休。詔加太子太保。所著《巡撫河道奏議》二十卷、工部奏議及詩文集若干卷。[136]

　　然而遺憾的是，這些事功者們大多以罷官輟役而告終。治河的朱衡與潘季馴均為隆慶、萬曆間名臣，朱衡任官工部尚書，治河之外，「先後在部，禁止工作，裁抑浮費，所節省甚眾。」但他因「性強直，遇事不撓，不為張居正所喜」，最後不得不乞休家居。潘季馴則「凡四奉治河命，前後二十七年，習知地形險易。增築設防，置官建閘，下及木石椿埽，綜理纖悉，積勞成病」，因他曾為張居正所薦，後又為居正死後抄家事鳴不平，結果也落職為民。[137]政治的翻覆竟如此無情地左右著事功諸臣的命運。明朝亡後，遺民修史，於事功諸臣之成敗大發慨嘆，故卷後贊文道：

　　事功之難立也，始則群疑朋興，繼而忌口交鑠，此勞臣任事者所為腐心也。盛應期諸人治漕營田，所規畫為軍國久遠大計，其奏效或在數十年後。而當其時浮議滋起，或以輟役，或以罷

136　于慎行：《穀城山館文集》卷二八《明故榮祿大夫太子太保工部尚書鎮山朱公行狀》。
137　《明史》卷二二三《潘季馴傳》。

官，久之乃食其利而思其功。故曰：「可與樂成，難與慮始。」
信夫！

　　可與樂成，難與慮始，當算世人常態。而晚明事功諸臣的失
敗，其實非僅出於世人的難以慮始的短見，而正是那浮議滋起的
時代的必然結果。當事功的追求不被容於時代之時，這個時代其
實已經走到了它的盡頭。

第六章——

「王學」的盛行與明代
江西的思想、宗教

第一節 ▶ 江西的講學之風與異端思潮的興起

一 朱季友「獻書」與明廷的處置

宋明以來，就江西的文化學術精神而論，可分為兩種類型，即附庸文化和異端文化。關於江西的附庸文化，可以官學和科舉的發達來說明，這也是以往的研究者所關注較多的方面，本書第五章也對這一問題進行了較為詳盡的描述。而江西的異端文化，卻極少被人們提及，但它卻能夠反映出江西的地域文化特徵，並且與科舉文化或附庸文化一樣，對社會產生了深遠的影響。

雖然理學在兩宋時期已經形成，並在元代取得正統地位，但明代程朱理學的價值標准是在永樂時期由朱棣和他的臣子們確立的。

洪武時期，明太祖以重典治天下，立「寰中士夫不為君用」[1]律，對士人的行為進行嚴格的控制。但是，明太祖一方面對由元入明的士人非常嚴厲，以致不少人雖極力斂其鋒芒，仍不免遭致摧折。而另一方面，對成長於洪武年間年輕氣盛的新一代士人如解縉、練子寧等，卻又頗能容忍乃至優待。用明太祖自己的話來說，這叫「作養士氣」。明代士大夫氣節的形成，不能說與此沒有關系。這些洪武時期成長起來的士人到了建文年間與惠帝的關系非常和諧，政治熱情也十分高昂。從士人的角度來說，也許這短短的四年才是他們最理想的時代。然而，這曇花一現的局面隨

1　《大誥三編・蘇州人材第十三》。

著燕王朱棣「靖難」大軍的攻入南京而告結束。朱棣給建文政權所定罪名是「變更祖宗成法」，故即位後便以恢復洪武舊制為名，對士人採取政治高壓與心理摧殘，特別是在學校教育與科考內容等方面加以改革和引導，力圖使思想意識歸於一統。《四書大全》、《五經大全》及《性理大全》等三部士子必讀、科舉必考之書，將科舉考試內容規定得更為狹窄，希望通過這種方式來控制士子的思想。三部《大全》的宗旨以及對經書的解釋均以程朱理學為准則，學校以此施教，士子以此應試，臣民以此修身，而絕不允許對欽定的理學經典隨意闡釋或持異議。

所以，在這一時期發生的江西饒州府儒士朱季友獻書事件才在明初乃至整個明代的政治生活、學術思想中都占據重要的地位。《明太宗實錄》記此事曰：

> 饒州鄱陽縣民朱季友進書，詞理謬妄，謗毀聖賢，禮部尚書李至剛、翰林學士解縉等請寘於法。上曰：「愚民若不治之，將邪說有誤後學。」即遣行人押還鄉里，會布政司、按察司及府縣官杖之一百，就其家搜檢所著文字悉毀之，仍不許稱儒教學。[2]

曾親身經歷此事的楊士奇詳細地記載了朱季友所獻著作的大致內容及永樂皇帝和諸臣的反應：

2　《明成祖實錄》卷三三，永樂二年秋七月壬戌。

永樂二年，饒州府士人朱季友獻所著書，專斥濂、洛、關、閩之說，肆其丑詆。上覽之，甚怒，曰：「此儒之賊也。」時禮部尚書李至剛、翰林學士解縉、侍讀胡廣、侍講楊士奇侍側，上以其書示之。觀畢，縉對曰：「惑世誣民，莫甚於此。」至剛曰：「不罪之，無以示儆。宜杖之，擯之遐裔。」士奇曰：「當毀其所著書，庶幾不誤後人。」廣曰：「聞其人已七十，毀書示儆足矣。」上曰：「謗先賢、毀正道，非常之罪，治之可拘常例耶？」即敕行人押季友遣饒州，會布政司、府、縣官及鄉之士人，明論其罪，笞以示罰。其搜檢其家，所著書會眾焚之。又諭諸臣曰：「除惡不可不盡，悉毀所著書最是。」[3]

除上述二書外，記錄或評論此事的文獻至少還有：《明太宗寶訓》、儲巏《皇明政要》、焦竑《國朝獻征錄》、楊士奇《東里文集》、沈德符《萬曆野獲編》、談遷《國榷》、項篤壽《今獻備遺》、黃訓《名臣經濟錄》、廖道南《殿閣詞林記》、王直《抑庵文集》、鄭曉《吾學編》、陳建《學蔀通辨》、袁袠《世緯》、黃佐《翰林記》、陳鼎《東林列傳》、余繼登《典故紀聞》、《顏元集‧存學編》、夏燮《明通鑑》，等等。如此之多的史籍記載朱季友事件，顯示了此事影響之大。

其實，朱季友既然敢於將所著書籍直接獻給朝廷，不管其動機是出於邀功希寵還是維護儒家道統，朱棣都大可一笑置之，何

---

3 楊士奇：《三朝聖諭錄》上，永樂一。

必如此興師動眾、苦苦地折騰一位已是七十餘歲的老儒？朱棣及其大臣們之所以如此重視此事，斥之為異端邪說並大張旗鼓地予以懲戒，無非說明了他們對程朱理學的重視與渴求統一士人思想的決心。他們的努力借助官方的巨大優勢和行政打壓，基本上取得了成功。在最高統治者及正統派官員看來，此事收到了很好的效果，「正學明而異端息，邪說不至於誣民」[4]。

朱季友獻書事件的結局最嚴重、最深遠的歷史影響自然是窒息了新鮮活潑的思想，遏制了學術的自由發展。萬曆時沈德符記錄此事後評到：「（朝廷禁毀其書）蓋皆以崇正學為主也。然書中亦未必無可采者，概火之置之，士之留心經學者蓋寡矣。」[5]明末談遷在記述該事後感嘆說：「先朝守宋儒遺書如矩矱，毋敢逾尺寸，故懲朱季友，而經學至深邃也。句沿字踵，等於苴蠟，於是曲士鑿其隅見，稍有所緣飾，而矯異之寶，紛互四出，如近日李贄獄死，紙更為貴，俗尚之觭久矣。彼季友一斥不再振，則當時功令可想見也。」[6]談氏身處晚明異端思想紛起的時代，深羨先朝能使「季友一斥不再振」的「功令」，足可見該事件巨大的效應。他認識到「曲士鑿其隅見」是對「句沿字踵，等於苴蠟」的回應，但卻忽視了「句沿字踵，等於苴蠟」又是斥季友、尊程朱的直接結果。由此回顧明前期朝廷對政治的設計與意識形

4　袁袠《世緯》，卷下《距偽》。
5　沈德符：《萬曆野獲編》，卷二五《著述‧獻書被斥》。
6　談遷：《國榷》，卷一三，成祖永樂二年。

態的建構，實在值得令人回味。依其設想，政治的穩定在於選拔出合格的士人群體，而士人的獲得在於具有合理的選拔方式，而合理的選拔方式又必須與恰當的取士標准密切結合，於是他們選擇八股科舉與程朱理學，並且最終得到了實現。但歷史證明此後明代政治局面似乎並不能由此而長治久安。張自烈在明亡之際重評朱季友一案，對當時的毀其書尤致不滿：「辱示後人妄著書，引朱季友為戒，謂《大全》不可易，學者恪守成說，不宜更有發明。某謂時儒不深觀《大全》，或明知諸說未當，不加是正，無他，懲於季友而莫敢發耳。」[7]

朱季友獻書事件表明，早在明初就有江西學者繼承陸九淵的學說和精神，敢於對程朱理學進行批評與闡釋，開啟了明代異端思潮之先河，並被後繼者發揚光大。正如後來的著名學者黃佐所看到的：「然成化以後學者多肆其胸臆以為自得，雖館閣中亦有改易經籍以私於家者，此天下所以風靡也夫。」[8]

二　吳與弼與「崇仁學派」

學術思想的弘揚和發展，既需要學者的獨立思考、靜思篤行，而且需要學者之間的反復論辯和詰難。從這個立場上說，講學之風對於學術的發展具有極為重要的意義。

前引王士性關於宋明時期江西講學之風盛行的論述：「江右

7　張自烈：《藝山文集》，卷六《與友人論四書大全書（一）》
8　黃佐・《翰林記》，卷一一《禁異說》。

講學之盛始於朱、陸二先生，鵝湖、白鹿，興起斯文。本朝則康齋吳先生與弼、敬齋胡先生居仁、東白張先生元禎、一峰羅先生倫，各立門牆，龍翔鳳起。」[9]王士性認為，朱熹與陸九淵的論戰其實揭開了宋明時期儒家學說內部不同學術流派公開論戰的序幕，也是儒家學說內部的異端公開向正統挑戰的開始。同時，王士性已許吳與弼為明朝講學第一人。黃宗羲在《明儒學案・師說》中也毫不掩飾對吳與弼的贊賞：「余嘗僭評一時諸公：薛文清多困於流俗，陳白沙猶激於聲名，惟先生醇乎醇云。」並於是篇之後首列《崇仁學案》，實際上也已許吳與弼為明代講學第一人。[10]或者說，明代江西的自由講學之風，實始於江西吳與弼。

吳與弼[11]（1391-1469 年），字子傅，號康齋，崇仁人。父吳溥，建文時為國子監司業，永樂中為翰林修撰，即前文所說於建文革除之際預言胡廣不死而王艮死者。與弼資稟聰慧，自幼好學，八九歲時已露才華。十九歲時觀親於當時的京師南京，師從洗馬楊溥，見朱熹所著關於理學源流的著作《伊洛淵源圖》，慨然向慕：「乃知聖賢猶夫人也，孰云不可學而至哉。」遂罷舉子業，謝絕各種人事，獨處小樓，盡讀《四書》、《五經》及洛閩諸書，不下樓者數年。與弼為人低調，往來粗衣敝屣，時人不知為國子監司業之子。

9　王士性：《廣志繹》，卷四《江南諸省・江西》。
10　黃宗羲：《明儒學案》，卷一《崇仁學案一》。
11　《明史》卷二八二《儒林一》；《明儒學案》卷一《崇仁學案一》。

吳與弼中年家境漸貧，遂躬親耕稼。四方來求學者，與弼教誨不倦，常在雨中被蓑笠、負耒耜，與諸生並耕，談討學術。歸則解犁，飯糗蔬豆共食。通過講讀耕作，吳與弼對諸弟子也有基本的評價：婁諒踏實，楊傑淳雅，周文勇邁。陳獻章自廣東前來求學，天微明未及起，吳與弼便手持簸谷，大聲喊道：「秀才若為懶惰，即他日何從到伊川門下？又何從到孟子門下？」或許正是因為有這種經歷，才有一個完整的吳與弼和崇仁學派。

正統十一年，山西僉事何自學向朝廷推薦吳與弼，請授以文學之職。此後，御史涂謙、撫州知府王宇復薦之，俱不出。嘗嘆曰：「宦官、釋氏不除，而欲天下治平，難矣。」景泰七年，御史陳述又請禮聘與弼，俾侍經筵，或用之成均（按：指國子監）為師。詔江西巡撫韓雍備禮敦遣，竟不至。天順元年，權臣石亨欲引賢者為己重，謀於大學士李賢，屬草疏薦吳與弼。明英宗乃命李賢草敕，並遣行人司官持璽書、齎禮幣，征吳與弼赴京。

但由於種種原因，李賢對江西人一直持有偏見，而英宗本人也一直以「北人」自居[12]。雖然從表面上看給了吳與弼極高的禮遇，但君臣二人寧願給吳與弼地位更高的閒職，也不給其在國子監講學的機會，而吳與弼也並不願意改變學者的自由身份。黃宗羲《明儒學案》對吳與弼在京及晚年情況作了如下記載：

---

12 關於李賢與江西士大夫的過節，參見方志遠：《成化皇帝大傳》，遼寧教育出版社一九九四年版；《明代城市與市民文學》，中華書局二〇〇四年版。

帝問賢曰：「與弼宜何官？」對曰：「宜以宮僚，侍太子講學。」遂授左春坊左諭德，與弼疏辭。賢請賜召問，且與館次供具。於是召見文華殿，顧語曰：「聞處士義高，特行征聘，奚辭職為？」對曰：「臣草茅賤士，本無高行，陛下垂聽虛聲，又不幸有狗馬疾。束帛造門，臣慚被異數，匍匐京師，今年且六十八矣，實不能官也。」帝曰：「宮僚優閒，不必辭。」賜文綺酒牢，遣中使送館次。顧謂賢曰：「此老非迂闊者，務令就職。」時文達（按：指李賢）首以賓師禮遇之，公卿大夫士承其聲名，坐門求見，而流俗多怪，謗議蜂起。中官見先生操古禮屹屹，則群聚而笑之。或以為言者，文達為之解曰：「凡為此者，所以勵風俗，使奔競干求乞哀之徒觀之而有愧也。」時帝眷遇良厚，而與弼辭益力。又疏稱：「學術荒陋，苟冒昧徇祿，必且曠官。」詔不許。乃請以白衣就邸舍，假讀秘閣書。帝曰：「欲觀秘書，勉受職耳。」命賢為諭意。與弼留京師二月，以疾篤請。賢請曲從放還，始終恩禮，以光曠舉。帝然之，賜敕慰勞，賚銀幣，復遣行人送還，命有司月給米二石。與弼歸，上表謝，陳崇聖志、廣聖學等十事。辛巳冬，適楚拜楊文定之墓。壬午春，適閩，問考亭以申願學之志。成化五年卒，年七十九。**13**

從上述記載可以看出，雖然吳與弼以六十八歲的高齡作為推辭在京就職的理由，但其後的十年，卻一直游歷講學於江西、湖

13　黃宗羲：《明儒學案》，卷一《崇仁學案一》。

廣、福建等地。因此，導致吳與弼婉拒任職的主要原因，還是他的卓然自立精神和自由講學作風，這在當時，其實也是一種「異端」，是自外於官學的異端，因而也引起了不少著名人物的不滿，其中包括吳與弼的一些老鄉。《明儒學案》又載，吳與弼至京後，李賢推之上座，「以賓師禮事之」，編修尹直（江西泰和人）後至，李賢令坐於與弼之側。尹直十分不快，「出即謗與弼」。吳與弼回崇仁後，廣信府知府張貴因謁見不得，「大恚」募人代其弟投牒訟與弼，遣吏拘之，大加侮慢。但吳與弼對其弟仍然友愛如初。編修張元禎（南昌人）不知其始末，遺書責備，書中有「上告素王，正名討罪，豈容先生久竊虛名」之語。尹直更將此事寫入自己的《瑣綴錄》，並記載說吳與弼曾為石亨的族譜作跋，自稱「門下士」。雖然後來東林領袖顧允成認為這些記載皆「好事者為之」，吳與弼仍然受到不少士大夫的批評。其門人胡居仁、陳獻章等後來從祀孔子，但吳與弼本人卻未能享此殊榮。

吳與弼的理學思想雖然淵源於程朱，但多有發揮。其理學思想大體有三：一是「天人一理」。人世的倫理道德同時也是天理，而天理又是人倫的體現。人之所以有君臣、父子、夫婦、長幼、朋友五倫，是因為這種關係本來就存在，即「以其有此理」。二是「居敬窮理」。體現天理人倫的關鍵就在於持一「敬」字，只有從「敬」字出發，才能達到「天人一理」。三是崇尚「踐行」。「居敬窮理」的「窮」其實就是實踐，要在實踐中，在人的言行舉止中，在每一件具體的事情上「存天理、滅人欲」。吳與弼將理學的要義、探討的途徑和應用的方法統為一體，並將

「心」提升為核心概念，實為明代「心學」第一人。[14]

《四庫全書總目提要》的作者認為，吳與弼並無師承，而是通過自己的刻苦勤奮、篤志力行，兼取朱陸之長。作為明代心性之學的開山人物，吳與弼的「崇仁學派」門下人才濟濟，並派生白沙、餘干等學派。廣東陳獻章「得其靜觀涵養，遂開白沙之門」，而江西胡居仁、婁諒等「得其篤志力行，遂啟餘干之學」[15]。

「崇仁學派」的江西籍著名學者主要有胡居仁、婁諒、余佑、夏尚朴等人。

胡居仁[16]（1434-1484 年），字叔心，餘干人，學者稱敬齋先生。弱冠時即「奮志聖賢之學」，往游吳與弼之門，遂絕意科舉。返餘干後，胡居仁築室於梅溪山中，只做兩件事：孝敬父母和講求學術。後游歷各地，先往福建，再歷浙江，經南京而歸。所至之處，訪求問學之士。後與鄉人婁諒、羅倫、張元禎等匯集於弋陽龜峰及餘干應天寺。提學李齡、鐘城聞其名，相繼請主白鹿書院，諸生又請講學於貴溪桐源書院。分藩在鄱陽的淮王也請其講《易》於府中。淮王欲梓其詩文以傳世，胡居仁推辭說「尚需稍進」。《明儒學案》載其行為舉止俱依於禮：嚴毅清苦，左繩右矩，每日必立課程，詳書得失以自考。雖器物之微，區別精

14　吳與弼：《康齋集・序》。
15　《四庫全書總目提要》卷一七〇《康齋集提要》。
16　《明史》卷二八二《儒林一》；《明儒學案》卷二《崇仁學案二》。

審，沒齒不亂。父病，嘗糞以驗其深淺。兄出則近候於門，有疾則躬調藥飲。執親之喪，水漿不入，柴毀骨立，非杖不能起，三年不入寢室。為裡人所阨，不得已訟之，墨衰而入公門，人咸笑之，不以為恥。雖然貧苦，卻有自得之色：「以仁義潤身，以牙簽潤屋，足矣。」成化二十年三月十二日卒，年五十一。萬曆十三年從祀孔廟，追諡文敬。著有《胡文敬公集》、《易象抄》、《居業錄》及《居業錄續編》等書行世。

胡居仁的學術思想不落窠臼，自成一體。其學以主忠信為先，以求放心為要，強調誠敬、慎獨、力行。他認為：「孔子只教人去忠信篤敬上做。」能如此，則「放心自能收，德性自能養」。胡氏對於「主敬」論述尤多，故黃宗羲稱其「一生得力於敬」，這也是吳與弼所提倡的。其「敬」包括三層意思：一是在內心上做功夫，要「主一」，即心有專注。主一則精明，如二三，則心必昏亂。不主一，便是心無主宰，則靜也不是工夫，動也不是工夫。靜而無主，不是空了天性，便是昏了天性，於是大本不立。動而無主，不是猖狂妄動，便是逐物徇私，於是大道不行。二是在容貌辭氣上做工夫，而「慎獨」為其要。容貌辭氣上恭敬了，端莊整肅，心中也就肅然自存。這是保持「敬」的基本功夫。三是收斂警醒。能收斂警醒則氣清，氣清心自明。胡居仁特別強調義理，而反對「真空無物」之「虛」。他還批評了周敦頤等人的主靜之說的流弊，謂「學者遂專意靜坐，多流於禪」，批評「白沙為禪，一編之中，三致意焉」。

婁諒[17]（1422-1491 年），字克貞，別號一齋，上饒人，門人
私諡文蕭先生。年少時即有志於「聖學」，嘗求師於四方，見處
處皆是舉業，夷然不屑說：「率舉子學，非身心學也。」後知吳
與弼在崇仁講學，前往拜訪。一番交談，婁諒心服，遂以為師。
吳與弼也大喜道：「老夫聰明性緊，賢也聰明性緊。」吳與弼的
門規是「學者須親細務」，所以無論是耕作抑或掃除，他均親領
眾弟子為之。婁諒素豪邁，也必須「親細務」，性情也因此而收
斂，凡事躬自為之，不用僮僕。相處日久，師徒愈相默契，婁諒
遂為吳門高徒，而吳與弼有所心得感悟，也與婁諒切磋。吳與弼
之被視為「異端」，不僅在於他的自由講學作風，也因為他的傲
氣。羅倫未第時往訪，吳與弼不出見。婁諒勸道：「此一有志知
名之士也，如何不見？」吳與弼笑道：「那得工夫見此小後生
耶？」羅倫十分不快，傳書四方，說是名教中的怪物。張元禎也
從中推波助瀾。吳與弼則一概不聞不問。婁諒做起了和事佬，傳
書羅、張二人：「君子、小人，不容並立。使後世以康齋（按：
指吳與弼）為小人，二兄為君子無疑。倘後世以君子處康齋，不
知二兄安頓何地？」婁諒的工作顯然起了作用，羅、張二人從此
息議。不過婁諒其實還是沒有能夠擺脫世俗的影響，所以在景泰
四年即三十二歲時，仍然參加了江西鄉試，並中舉人。但是，並
沒有在第二年參加會試，退而讀書十餘年。天順末，選為成都訓
導。尋告歸，閉門著書，著有《日錄》、《三禮訂訛》、《春秋本

17　《明史》卷二八三《儒林二》；《明儒學案》卷二《崇仁學案二》。

意》等傳世。

胡九韶[18]，字鳳儀，金溪人。自少從學吳與弼，凡吳與弼學有進益，無不相告。故吳與弼贈詩云：「頑鈍淬磨還有益，新功頻欲故人聞。」諸生來學者，吳與弼令先見胡九韶。吳與弼死後，門人多轉而以胡九韶為師。胡九韶家境貧困，過著儉朴耕讀的生活。他一面教讀書，一面辛勤耕作，僅可以解決衣食溫飽。每天黃昏時，即至家門燒香拜天，感謝老天爺賜給一天的清福。妻子挖苦道：一天三餐只吃一點米飯和一些野菜，怎麼談得上是享清福？胡九韶笑道：慶幸生在太平盛世，沒有戰爭兵禍。全家人都有飯吃，有衣穿，沒有挨餓受凍，沒有躺著生病的人，也沒有家人被關在監獄裡。能夠這樣平安地過日子，難道不是享清福嗎？

余佑[19]，字子積，別號 齋，鄱陽人。為胡居仁最得意的弟子。十九歲時即拜胡居仁為師，居仁則將女兒嫁給了他。弘治十二年舉進士，為南京刑部員外郎，因事得罪劉瑾而落職。劉瑾誅後，起用為福州知府，後遷山東副使。嘉靖初，歷雲南布政使，當後來朝廷令其任吏部右侍郎時，已先逝世。然余佑之學，墨守師說，在獄中作《性書》三卷。其言程、朱教人，專以誠敬人。時王守仁作《朱子晚年定論》，余佑加以反駁。

18　《明史》卷二八二《儒林一》；《明儒學案》卷二《崇仁學案二》。
19　《明史》卷二八二《儒林一》；《明仙學案》卷三《崇仁學案三》。

夏尚朴[20]（1466-1538 年），字敦夫，別號東岩，廣信府永豐人。師從婁諒。正德初，赴京參加會試，見劉瑾亂政，慨然嘆曰：「時事如此，尚可干進乎！」遂不應試而歸。正德六年中進士，授南京禮部主事，再遷惠州知府，遭彈劾歸家。嘉靖初，復起山東提學副使。擢南京太僕少卿，與魏校、湛若水等人日相講習。言官彈劾大學士桂萼，牽涉到夏尚朴，吏部尚書方獻夫為其辯護，終引疾而歸。所著有《中庸語》、《東岩集》。夏尚朴宣揚和發揮主敬之學，謂「才提起便是天理，才放下便是人欲」[21]。王守仁點出「心即理也」一言，則視為河漢；王守仁贈詩有「鏗然舍瑟春風裡，點也雖狂得我情」之句，則答曰：「孔門沂水春風景，不出興廷敬畏情。」鮮明地反映了服從天理與自信良知兩者間的差別。主張「讀書以求事理，應接事物以求當理」，批評陳白沙的靜坐方法不僅好高騖遠，流於空虛，而且不能去私欲。

潘潤[22]，字德夫，號玉齋，廣信府永豐人。亦師從婁諒。婁諒嚴毅英邁，慨然以師道自任，嘗謂潘潤曰：「致禮以治躬，外貌斯須不莊不敬，而慢易之心入之矣。致樂以治心，中心斯須不和不樂，而鄙詐之心入之矣。此禮樂之本，身心之學也。」潘潤謹佩其教，終身依此為准繩規矩。居憂期間，江西學政以潘潤為人才，致禮欲見之，而潘潤以衰服拜於門外，終不肯見。焚香靜

20　《明史》卷二八三《儒林二》；《明儒學案》卷四《崇仁學案四》。
21　夏尚朴：《東岩集》卷一《語錄》，《四庫全書》本。
22　黃宗羲：《明儒學案》卷四《崇仁學案四》。

坐，時以所得者發為吟詠。

同時期著名的學者還有羅倫、張元禎等。

羅倫[23]（1430-1478 年），字彝正，學者稱一峰先生，吉安府永豐人。家貧樵牧，猶挾書誦不輟。及為諸生，立志「聖賢學」，曾說：「舉業非能壞人，人自壞之耳。」為成化二年狀元，授翰林修撰，因上疏論大學士李賢「奪情」謫福建市舶司副使。後托病辭歸，隱居問學，以金牛山人跡不至之處築室，著書其中，四方從學者甚眾。羅倫為人剛正，嚴於律己，品性為時人推重，稱可以「正君善俗」。為學則「守宋人之途轍」，「所見專而所守固」。著有《一峰集》。

張元禎[24]（1437-1506），字廷祥，別號東白，南昌人。一生好理學，並「以斯道自任」。為庶吉士期間，研讀宋儒著作。因與執政議不合，遂引疾家居，講求性命之學。「家成二十年，益潛心理學。」張元禎之學不成系統，卻時時有閃光點。如云：「人即天理所生之物也，如花木之接，水泉之續，然實皆得是生物之心以為心者也。苟非得是心，則是身無以生矣。是心也，即天理也。天理之在此心，日用之間，本無不流通。」又認為：「寂必有感而遂通者在，不隨寂而泯；感必有寂然不動者存，不隨感而紛。」黃宗羲謂其「已先發陽明『心即理』、『未發時驚

23　《明史》卷一七九《羅倫傳》；《明儒學案》卷四五《諸儒學案上三》。
24　《明史》卷一八四《張元禎傳》；《明儒學案》卷四五《諸儒學案上三》。

天動地，已發時寂天寞地』之蘊」，並稱贊張元禎「於此時言學心理為二、動靜交致者，別出一頭地矣」。

第二節 ▶ 王學在江西的興起與王門江右學派

一　王守仁與江西的瓜葛及王學在江西的興起

　　王守仁（1472-1528 年），字伯安，號陽明子，人稱陽明先生，浙江余姚人，後人視其為明代氣節、文章、功業第一人。已有的關於王守仁的研究成果，幾乎毫無例外都是從其哲學思想切入，研究他的「心即理」說、「知行合一」說、「致良知」說等，即將其定在一個思想家或哲學家的位置上。其實，歷史上所有真正有重大影響的思想家或哲學家，首先都是實踐家。他們的思想方法和形成的思想體系，均來自於他們的生活經歷、社會實踐，以及在特定條件下形成的獨特個性。王守仁也不例外。可以說，他的功成名就與江西有至深的因緣。

　　弘治元年七月，王守仁十七歲，到南昌迎娶江西布政司參議諸養和之女。成婚後的第二年即弘治二年十二月，王守仁攜妻子同回浙江，途經廣信，拜訪了當時的著名學者婁諒。婁諒一番「格

· 王陽明畫像，浙江省余姚市文物管理委員會藏。

第
六
章
·
「
王
學
」
的
盛
行
與
明
代
江
西
的
思
想
、
宗
教

597

物」的言語，使王守仁由以前的想做聖人而領悟到「聖人必可學而至」，故黃宗羲說「姚江之學，先生（婁諒）為發端也」。正德五年三月，三十九歲的王守仁在經過「龍場悟道」後就任吉安府廬陵縣知縣。雖在廬陵只有六個月（「臥治六月」），然「為政不事威刑，惟以開導人心為本」，開始將其學術思想貫徹於行政實踐。正德十一年，升都察院左僉都御史，巡撫南（安）、贛（州）、汀（州）、漳（州）等處。自此至正德十六年六月離開江西的這段時間，是其一生最輝煌的時光，王守仁既以傑出的軍事才能達到了其功業的鼎盛，又以卓越的思辨才能獲得了其思想的建樹，並設學校建書院以廣教化，自己講學授徒，以此來推行其學術。王學在明中後期波及天下，正是奠基於他在江西的這段經歷。其後學雖有「浙中」、「江右」、「南中」、「楚中」、「北方」及「粵閩」等派，獨「江右」與「浙中」為盛，而「江右」與「浙中」與王學又各有貢獻。嘉靖七年十一月，重病中的王守仁從廣西返紹興途經江西，卒於南安府青龍鋪。

王學在江西的興起與傳播主要是通過王守仁自己的講學、其著作的流傳，以及嫡傳和再傳弟子的講學等方式實現的。

從講學的角度說，王守仁在贛州任南贛巡撫，比在北京任吏部員外郎、在南京任鴻臚寺卿要方便得多。巡撫是封疆大吏，節制一方，司、道、府、縣都是下屬，沒有掣肘力量，有職有權，擴大講學場所、調撥錢糧經費均比較容易。特別是這南贛巡撫，遠離江西省府，本省的鎮守太監、巡按御史等也無法進行干預。故王守仁在巡撫南贛汀漳期間，門人弟子也雲集贛州，設在贛州的巡撫衙門成了講求功夫、切磋學問的書院。

這些弟子中，僅《陽明年譜》上列出了姓名的，就有薛侃、
歐陽德、梁焯、何廷仁、黃弘綱、薛俊、楊驥、郭治、周仲、周
沖、周魁、郭持平、劉道、袁夢麟、王舜鵬、王學益、余光、黃
槐密、黃鍪、吳論、陳穰劉、魯扶黻、吳鶴、薛僑、薛宗銓、歐
陽昱等二十六人。而《年譜》上沒有列姓名的還有鄒守益、羅洪
先、劉陽、陳九川等人。王守仁當年在龍場的弟子冀元亨，曾在
王守仁從龍場赴任廬陵知縣時追隨到吉安，王守仁北上時他返回
常德老家，聽說王守仁出任南贛巡撫，也趕來贛州相聚。聚集在
贛州的王門弟子主要來自江西、廣東二省，王門江右學派和粵閩
學派的主要人物都開始在贛州亮相了。

由於學生越來越多，巡撫衙門無法容納，王守仁遂於正德十
三年在贛州建立書院。這個書院以宋儒周敦頤的號命名，稱「濂
溪書院」。[25]而王守仁因教化而興建的學校書院也成為王學傳播
的重要場所。

此外，《朱子晚年定論》、《傳習錄》等著作的編纂與刻印有
力促進了王學在江西的迅速傳播，也擴大了其在全國的影響。正
德十三年，門人刻《朱子晚年定論》於雩都，王守仁自謂：「初
聞甚不喜，然士夫見之，乃往往遂有開發者。」[26]孔子講學，有
《論語》傳世；朱子講學，有《朱子語類》流行。王守仁從小以
「聖人」自詡，弟子們一入王門，便也自認為是入了「聖門」。

25　王守仁：《王陽明全集》，卷三三《年譜一》。
26　王守仁：《王陽明全集》，卷四《書一‧與安之》。

既然是「聖門」，便應該和孔子、朱子那樣，也有師門訓示錄。在這方面，王守仁的大弟子徐愛作出了表率。他仿照《論語》，用問答的方式將自己向王守仁請教學問及王守仁的解答記錄下來，編成《傳習錄》一卷。在序文中，徐愛說明了自己編《傳習錄》的目的：

愛朝夕炙門下，但見先生之道，即之若易而仰之愈高，見之若粗而探之愈精，就之若近而造之愈益無窮，十餘年來竟未能窺其藩籬。世之君子，或與先生僅交一面，或猶未聞其謦咳，或先懷忽易憤激之心，而遽欲於立談之間，傳聞之說，臆斷懸度，如之何其可得也？從游之士，聞先生之教，往往得一而遺二，見其牝牡驪黃而棄其所謂千里者。故愛備錄平日之所聞，私以示夫同志，相與考而正之，庶無負先生之教。[27]

與徐愛同時編纂《傳習錄》的，還有廣東潮州籍弟子薛侃和浙江湖州陸澄，並由薛侃出資於正德十三年初刻於贛州，其後有續刻、重刻、增刻。是書的流布對於王學的傳播功勞甚大，因讀《傳習錄》而始服膺王學者頗有其人。

從正德十三年四月平浰頭回師贛州，到正德十四年六月在吉安起兵討伐寧王朱宸濠，其間一年多，是王守仁在江西最為悠閒的一段時間。門人弟子雲集贛州，王守仁領著他們，或議論於巡

27　王守仁・《王陽明全集》，卷一《傳習錄上》。

· 王守仁與門徒游贛州通天岩圖
見於鄒守益《王陽明先生圖譜》，《珍本年譜叢刊》第四十三冊，北京圖書館出版社一九九九年。

撫衙門，或講學於濂溪書院。「南贛山中風光好」，贛州的諸多名勝尤其是通天岩等處，也留下了王守仁與弟子們的足跡。

在王守仁巡撫南贛期間，江西講學之風盛行，王學也在江西迅速傳播並波及天下。故學者謂：「先生勳名盛在江右，古今儒者有體有用，無能過之。故江右……弁髦諸前輩講解，其在於今，可謂家孔孟而人陽明矣。」**28**

28　王士性：《廣志繹》，卷四《江南諸省·江西》。

二　江右王門學派的主要代表人物及其活動

就思想領域來說，明代最大的異端莫過於王陽明心學，而於其中起重要作用的，多為江西尤其是盧陵籍學者。黃宗羲在《明儒學案》中評道：

姚江之學，惟江右為得其傳。東廓、念庵、兩峰、雙江其選也。再傳而為塘南、思默，皆能推原陽明未盡之旨。是時越中流弊錯出，挾師說以杜學者之口，而江右獨能破之。陽明之道賴以不墜。蓋陽明一生精神，俱在江右，亦其感應之理宜也。[29]

「東廓」為鄒守益，吉安府安福縣人；「念庵」為羅洪先，吉安府吉水縣人；「兩峰」為劉文敏，吉安府萬安縣人；「雙江」為聶豹，吉安府永豐縣人。捍衛王學精神的四大學者，均為盧陵籍。鄒守益在王學被視為異端時，就是王學的堅定傳播者和闡釋者。聶豹則在辯難之後信服王學，並成為江右王門的中堅。而羅洪先和劉文敏更在青少年時代就受著王學的影響，並成為王守仁的私淑弟子或入門弟子。黃宗羲在《明儒學案》中為江右王

29　黃宗羲：《明儒學案》，卷一六《江右王門學案・序》。

門[30]二十七位學者立專傳，其中有十六位是吉安府人[31]，其中不乏在學術上與鄒守益、羅洪先等齊名者，如泰和歐陽德、安福劉邦采，也有以氣節而名噪海內者，如吉水鄒元標、泰和羅大紘。而每一位學者的周圍，又都聚集著大批求學者。江右王門之所以影響巨大，正是因為有這樣一大批盧陵學者在起作用。因此，與

30　其實，無論是以學者的地域籍貫還是以王學在江西的傳播和發展來界定「江右王門」或「江右王學」，黃宗羲的劃分都有值得再加思考的地方。如羅汝芳，黃宗羲在《明儒學案》卷首《師說·羅近溪汝芳》謂「其學實本東廓（鄒守益）獨聞戒懼謹獨之旨，則雖謂先生為王門嫡傳可也」，然卻將其歸於《泰州學案》。李材「初學於鄒文莊」，則明顯源本於王學，而黃宗羲又另闢《止修學案》。他如嚴鈞、梁汝元（何心隱）學皆本於王學，也被黃宗羲歸入《泰州學案》。而羅、李、嚴、梁皆江西人。同樣，若以師承關係而論，黃宗羲的劃分也有可商榷之處。如鄧以贊私淑王畿、張元忭，羅大紘於徐用檢，王、張、徐皆浙中王門，而鄧、羅又歸入江右王門。從比較嚴格的意義上說，「江右王門」或「江右王學」應包括所有江西籍的、以傳播和發揮王學為其學術旨趣和學術活動的學者。就學術思想史自身的標準來說，《明儒學案》在材料的甄選上相當可靠與精當，在學派的劃分上也大體能夠客觀地反映出有明一代儒家思想的基本面貌，故長期以來它成為治明代思想文化史、學術史尤其是儒學史的基本文獻與重要憑據，在很大程度上為我們今天的研究預設了一種結構性的前提。而我們幾乎忘記了《明儒學案》本身只是一部清初黃宗羲對於明代儒學整理研究的著作，它反映了黃宗羲個人獨到的觀點與喜好，其中的許多文字和看法更是「前有所本」。其實，黃宗羲的高足萬斯同在《儒林宗派》中對王學的師承關係就與其師有不同的理解。因此，包括《明儒學案》在內的學案、宗傳體著述，絕不能視為明代學術史、儒學史的「實錄」。從某種意義上說，對王學研究的深入，正有待於對長期以來被視為明代學術史的《明儒學案》的勇敢超越。

31　若加上鄒守益案後附鄒善、鄒德涵、鄒德溥、鄒德泳以及劉陽案後附劉秉監、王剴，則合計三十三人，其中二十三人來自吉安府。

其說陽明一生精神在江右，倒不如說陽明一生精神在廬陵。

按地域來區分王學派別，始出於黃宗羲《明儒學案》。儘管黃宗羲對「江右王門」的劃分與歸納存在缺陷和漏洞，但他還是為我們提供了寶貴的信息與依據。在《明儒學案》中，「江右王門」所占篇幅最大（9 卷），所列學者也最多（27 人），分為九支：

一、文莊鄒東廓先生守益

二、文莊歐陽南野先生德

三、貞襄聶雙江先生豹　文恭羅念庵先生洪先

四、處士劉兩峰先生文敏　同知劉獅泉先生邦采　御史劉三五先生陽

縣令劉梅源先生曉　員外劉晴川先生魁　主事黃洛村先生弘綱

主事何善山先生廷仁　郎中陳明水先生九川　太常魏水洲先生良弼　解元魏師伊先生良政　處士魏藥湖先生良器

五、太常王塘南先生時槐

六、文潔鄧定宇先生以贊　參政陳蒙山先生嘉謨　徵君劉瀘瀟先生元卿　督學萬思默先生廷言

七、憲使胡廬山先生直

八、忠介鄒南皋先生元標　給諫羅匡湖先生大紘

九、中丞宋望之先生儀望　徵君鄧潛谷先生元錫　徵君章本清先生潢

在此，我們擇取一些有影響有特點的重要人物敘述如下。

鄒守益[32]（1491-1562 年），字謙之，號東廓，安福人。父鄒賢，弘治九年進士。授南京大理評事。歷官福建僉事，擒殺武平「賊渠」黃友勝。居家以孝友稱。

守益正德六年會試第一，以廷對第三授翰林院編修，逾年告歸。正德十四年見王守仁於贛州，遂執弟子禮。世宗即位，始赴官。嘉靖三年，在大禮議風波中上疏忤旨，謫廣德州判官。其間廢淫祠，建復初書院，與學者講授其間。後遷南京禮部郎中，州人立生祠以祀。聞守仁卒，為位哭，服心喪，日與呂柟、湛若水、錢德洪、王畿、薛侃輩論學。考滿入都，即引疾歸。久之，以薦起南京吏部郎中，召為司經局洗馬。後遷太常少卿兼侍讀學士，出掌南京翰林院。尋改南京國子監祭酒。次年因上疏言君臣交儆之義落職，居家二十餘年卒。隆慶初，贈南京禮部右侍郎，謚文莊。

鄒守益信守師說，為學主敬，提倡「戒慎恐懼所以致良知」，以為「聖門要旨，只在修己以敬。敬也者，良知之精明而不雜以塵俗也。」「一有障蔽，使與掃除，雷厲風行，復見本體。」他主張「寂感無二時，體用無二界」，反對破裂心體。在良知問題上，鄒守益認為，良知虛靈，晝夜不息，與天同運，與川同流。他以獨知為良知，以戒懼慎獨為致良知的主要修養方法，並盡力身體力行，是當時江右王學最重要的捍衛者與傳人。

黃宗羲謂：「東廓以獨知為良知，以戒懼謹獨為致良知之功，此是師門本旨，而學焉者失之，浸流入猖狂一路。惟東廓斤斤以身體之，便將此意做實落工夫，卓然守聖矩，無少畔援。諸所論著，皆不落他人訓詁良知窠臼，先生之教卒賴以不敝，可謂有功師門矣。」[33]守益天姿純粹，王守仁對其大加稱贊：「有若無，實若虛，犯而不校，謙之近之矣。」居鄉日事講學，在廬陵青原山召開青原大會。青原會規模頗巨，是江右王門學派最為重要的講會。四方從游者踵至，學者稱東廓先生。

守益家學甚嚴，三代皆中進士，為世家大族。子善，孫德涵、德溥、德泳俱傳陽明之學。

歐陽德[34]（1496-1554 年），字崇一，別號南野，泰和人。年二十舉鄉試。赴贛州，從王守仁學，成了王門中最年輕而且有功名的弟子之一，被王守仁稱為「小秀才」。二度不應會試，直到王守仁離開江西回浙江後，才參加了嘉靖二年的會試，並中了進士。除知六安州，建龍津書院，聚生徒論學。入為刑部員外郎。嘉靖六年，詔簡朝士有學行者為翰林，乃改歐陽德為編修。遷南京國子司業，作講亭，進諸生與四方學者論道其中。尋改南京尚寶卿。召為太僕少卿。以便養，復改南京鴻臚卿。父憂，服闋，留養其母，與鄒守益、聶豹、羅洪先日講學。以薦起故官。累遷

33　黃宗羲：《明儒學案》，卷首《師說・鄒東廓守益》。
34　《明史》卷二八二《儒林二》；黃宗羲：《明儒學案》，卷一六《江右王門學案一》。

吏部左侍郎兼學士，掌詹事府。母憂歸，服未闋，即用為禮部尚書。卒後贈太子少保，諡文莊。

　　歐陽德天資早慧，器宇溫粹，學務實踐，不尚空虛。當一些學者視王守仁「致良知」說為禪學時，歐陽德奮起護衛，宣稱「致良知」說為「正學」。遇事侃侃，裁制諸宗藩尤有執。或當利害，眾相顧色戰，歐陽德意氣自如。一生以講學為事，門徒廣進。嘉靖年間曾主盟京師靈濟宮講會，倡導陽明學說，天下翕然從之，是王學風行於世的有力推動者。當是時，歐陽德與徐階、聶豹、程文德並以宿學居顯位。於是集四方名士於靈濟宮，興論良知之學，赴者五千人。都城講學之會，於斯為盛。《明儒學案》稱：「以講學為事……士咸知誦『致良知』之說，而稱南野門人者半天下。」其學說以良知為世界的本原，由良知產生萬事萬物。強調良知與知覺、良知與意的區別，認為視聽言動皆知覺，不全是善；意有妄意、私意，有害意。知覺和意不可謂之性、理，知覺與良知，名同而實異。在動靜關係上，歐陽德主張良知無動無靜，認為學貴循其良知而動靜兩忘，然後為得。對於格物致知，雖認為離事物則無知可致，但主張踐形然後可以盡性。

　　其族人歐陽瑜，字汝重，亦學於守仁。守仁教之曰：「常欲然無自是而已。」瑜終身踐之。舉於鄉，不就會試，曰：「老親在，三公不與易也。」母死，廬墓側。虎環廬噪，不為動。歷官四川參議，所至有廉惠聲。年近九十而卒。

羅洪先[35]（1504-1564年），字達夫，號念庵，吉水人。父羅循，進士，歷兵部武選郎中。劉瑾敗後，歷知鎮江、淮安二府，徐州兵備副使，咸有聲譽。

羅洪先幼慕羅倫為人。年十五，讀王守仁《傳習錄》而好之，欲往受業，為其父制止。乃師事同邑李中，傳其學。嘉靖四年中舉人，嘉靖八年中狀元，授翰林院修撰，即請告歸。正在京師為太僕寺卿的岳父曾直聞報大喜，賀道：「吾婿建此大事！」羅洪先卻不以為然：「丈夫事業更有許大在，此等三年遞一人，奚足為大事也。」居二年，詔劾請告逾期者，乃赴官。尋遭父喪，苫塊蔬食，不入室者三年。繼遭母憂，亦如之。十八年，拜春坊左贊善。第二年冬，因與唐順之、趙時春上疏請皇太子出御文華殿受群臣朝賀，觸怒嘉靖帝，被謫為民。此後不再出仕，益尋求守仁學。甘淡泊，煉寒暑，躍馬挽強，考圖觀史，自天文、地志、禮樂、典章、河渠、邊塞、戰陣攻守，下逮陰陽、算數，靡不精究。至人才、吏事、國計、民情，悉加意諮訪。吉水田賦多宿弊，請所司均之，所司即以屬。洪先精心體察，弊頓除。「流寇」入吉安，主者失措。洪先為畫策戰守，寇引去。洪先素與順之友善，順之應召，欲挽之出，嚴嵩以同鄉故，擬假邊才起用，洪先皆力辭。隆慶初卒，贈光祿少卿，諡文莊。

羅洪先提倡以「收攝保聚」為功夫的「主靜」說。注重功夫

35　《明史》卷二八二《儒林二》；黃宗羲：《明儒學案》，卷一八《江右王門學案三》。

修行，與王畿、王艮等人認良知現成、以自然為宗的學說大異其趣。時王畿謂良知自然，不假纖毫力。洪先駁之曰：「世豈有現成良知者耶？」雖與畿交好，而持論始終不合。居鄉達二十多年，門人眾多，號召同志講學並開闢講所。雖宗良知學，但羅洪先一生沒見過王守仁，也未嘗入守仁門，而與陽明弟子如鄒守益、劉邦采、聶豹、錢德洪、王畿、陳明水等人交往密切並進行討論。錢德洪主持修《陽明年譜》，王守仁在江西期間的言行請羅洪先主筆，羅洪先在書稿中自稱「後學」。錢德洪笑道：你於師門不稱門生而稱後學，只是因為老師在世時沒有行拜師禮而已。你飽讀詩書，難道古往今來的所謂門人，其含義只局限在行過拜師禮者？你十四歲時就想投入師門，雖因父母的緣故未能遂願，卻仍然孜孜於師門意旨，三十年不懈。由此看來，你不僅入了師門，而且已經升堂入室。羅洪先這才在《年譜》中改稱「門人」。故黃宗羲稱：「私淑而有得者，莫如念庵。」

聶豹[36]（1487-1563 年），字文蔚，號雙江，永豐人。正德十二年進士，歸省。十五年知華亭。嘉靖四年召拜御史，五年巡撫福建，建養正書院，刻《傳習錄》以示學者。十年至二十年間丁父憂，居鄉講學。之後以虜犯山西，出任平陽知府。次年升陝西按察副使。二十六年因被誣陷下錦衣獄。聶豹在獄中，勤思苦慮，竟出現了王守仁龍場悟道式的奇跡：「先生之學，獄中閉久

---

36 黃宗羲：《明儒學案》卷一七《江右王門學案二》；徐階：《太子太保兵部尚書贈少保諡貞襄聶公豹墓志銘》，《獻徵錄》卷三九。

靜極，忽見此心真體光明瑩徹，萬物皆備。」[37]聶豹將自己的心得稱之為「致虛歸寂」之學。三十二年，升兵部尚書，兩年後因忤旨罷歸。此後鄉居故裡，直至逝世。

聶豹原本並不是王守仁的弟子，他只是在研究了王陽明的學說，並與之辯難之後，才開始服膺其學說，並在陽明死後四年始稱陽明之弟子。[38]其學不墨守師規，對陽明致良知思想多有發揮。以歸寂為宗，以靜坐為工夫。以為未發之中、廓然大公的本體之說乃是王守仁致良知思想的精髓，故而主張求學要自其主乎內之寂然者求之，使之寂而常定。以為養本體是動靜無心、內外兩忘的涵養功夫。聶豹獄中的這一心得，遭到包括王畿、鄒守益、黃弘綱在內的王門諸子的責難，稱其為「憚悟」。惟獨羅洪先稱其為「霹靂手段」，是通向良知的「康莊大道」。在江右王門中，最為聶豹引為同道的是羅洪先。黃宗羲在《明儒學案》「歐陽德傳」中指出，聶豹與其他王門弟子為學宗旨頗有差異：「當時同門之言良知者，雖有淺深詳略之不同，而緒山（錢德洪）、龍溪（王畿）、東廓（鄒守益）、洛村（黃弘綱）、明水（陳九川）皆守『已發未發非有二候，致和即所以致中』，獨聶雙江以『歸寂為宗，功夫在於致中，而和即應之』。故同門環起難端，雙江往復良苦。」在「聶豹傳」中，黃宗羲指出聶氏「看釋氏尚未透」，而對其致良知之旨則力加辯護：「先生亦何背乎師門？乃

37　黃宗羲：《明儒學案》卷一七《江右王門學案二》。

38　王守仁：《王陽明全集》卷三五《年譜三》。

當時群起而難之哉！」

劉文敏[39]（1490-1572 年），字宜充，號兩峰，安福人。自幼凝重端確，不妄言笑。年二十三與族弟劉邦采共學。父喪除，絕意科舉。後讀《傳習錄》，所論格物致知之旨與宋儒異，輾轉研思，恍若有悟。於是決信不疑，躬踐默證。唯覺動靜未能融貫，乃與劉邦采等九人買舟入越學於陽明，凡三年。歸而與劉邦采砥切於家，並與劉邦采等人成立了江右王門學派的第一個講會——惜陰會。嘗曰：「學者當循本心之明，時見己過，刮磨砥礪，以融氣稟，絕外誘，征諸倫理、事物之實，無一不愜於心，而後為聖門正學，非困勉不可得入也。高談虛悟，炫末離本，非德之賊乎？」

劉邦采[40]（約 1491-1576 年），字君亮，號師泉，安福人。少厭科舉業，銳然以「聖賢」為志。有族人劉曉曾學於守仁，將陽明學說帶回了安福。劉邦采遂於嘉靖三年與從兄劉文敏及弟侄九人入越謁守仁，稱弟子。父憂，蔬水廬墓，不復應舉。嘉靖七年提學副使趙淵命其赴試，御史儲良才許以常服入闈，不解衣檢察，乃就試，得中式。後授壽寧教諭，擢嘉興府同知，不久即棄官歸。其後以講學授徒終。

劉邦采提倡「性命兼修」，強調踐履功夫。守仁倡良知，而

39　《明史》卷二八三《儒林二》；黃宗羲：《明儒學案》卷一九《江右王門學案四》。
40　《明史》卷二八三《儒林二》；黃宗羲：《明儒學案》卷一九《江右王門學案四》。

為學者多承空泛，久益敝，有以揣摩為妙語，縱恣為自然者，邦采每極言排斥。《明史・儒林傳》評曰：「守仁之學，傳山陰、泰州者，流弊靡所底極，惟江西多實踐，安福則劉邦采，新建則魏良政兄弟，其最著云。」[41]

何廷仁[42]（1486-1551 年），初名秦，字廷仁，晚以字行，改字性之，號善山，雩都（今于都）人。何廷仁從小就傾慕陳獻章的學說，總想投入白沙門下。但他十三歲時，陳獻章就去世了。正德十二年，王守仁巡撫南贛，何廷仁自黃弘綱處聞王守仁之學，遂往贛州。正值王守仁駐軍南康，組織對桶崗、橫水「山賊」的清剿，何廷仁趕到南康，投入王門。後來又追隨王守仁回浙江，以闡述、傳播王學為己任。雖然嘉靖元年何廷仁已在江西中舉，但直到嘉靖二十年才出任新會知縣，先祭陳獻章祠，而後視事。政尚簡易，士民愛之。遷南京工部主事，分司儀真，榷蕪湖稅，不私一錢。滿考後即致仕。

何廷仁在王門的時間長，而且心無旁騖，是在江西期間被王守仁列入「高第」而有資格進行「接引」的弟子之一。其立論尚平實，守仁歿後，遇有為過高之論者，輒曰：「此非吾師言也。」守仁之門，從游者恆數百，浙東、江西尤眾，善推演師說者稱弘綱、廷仁及錢德洪、王畿。時人語曰：「江有何、黃，浙有錢、

41　《明史》卷二八二《儒林一》。
42　《明史》卷二八三《儒林二》；黃宗羲：《明儒學案》卷一九《江右王門學案四》。

王。」

黃弘綱[43]（1492-1561 年），字正之，號洛村，雩都人。其貌令人難於接近，不苟言笑。正德十一年中鄉試，次年王守仁巡撫南贛，黃弘綱遂至贛州從學，後亦隨陽明歸浙江。嘉靖二十三年授福建汀洲府推官，二十七年升刑部云南清吏司主事，三十年致仕歸。黃弘綱與何廷仁同為江右王門聲名頗著的人物。

胡直[44]（1517-1585 年），字正甫，號廬山，泰和人。嘉靖三十五年進士。初授吏部主事，出為湖廣僉事，領湖北道。升四川參政。尋以副使督學政，告歸。詔起湖廣督學，移廣西參政、廣東按察使，起福建按察使。胡直少古文詞，曾作《格物論》駁陽明格物之說。年二十六，始從歐陽德問學，得「立志」之教，為學方向轉向心性修養。年三十，又拜羅洪先為師，羅授之以「主靜無欲」之教。不久，又從陳大倫、鄧魯等人論道學禪。

胡直的思想頗具特色，對王學多有所發揮，黃宗羲曾謂其「心造天地萬物」之旨，「與釋氏所稱『三界惟心，山河大地，為妙明心中物』不遠」。胡直將自己學禪靜坐的心理體驗，「印諸子思上下察、孟子萬物皆備、程明道渾然與物同體、陸子宇宙即是吾心」，認為「靡不合旨」。於是提出「理在心，不在天地萬物」、「心造天地萬物」的觀點。這種心學觀點，比王守仁走

43　《明史》卷二八三《儒林二》；黃宗羲：《明儒學案》卷一九《江右王門學案四》。

44　黃宗羲：《明儒學案》卷二二《江右王門學案七》；胡直：《衡廬精舍藏稿》卷三〇《續問下》。

得更遠，而與佛教「三界惟心」的觀點相一致。胡直自謂將王學「一口說破，直將此學盡頭究竟，不敢為先儒顧借門面」，「於先儒終不能強合」，「於近儒亦不能盡合」。對程朱學派的疑難，主要在「窮理」問題上，他堅持「理在心而不在物」的觀點，反對多聞多見與讀書。在為學之序上，提出「物理遠而心性近」，主張以心性為先。在對待佛、老的態度上，胡直「以為老、佛之言或類吾儒，而吾儒之言亦有類老、佛者」，「以為聖人能兼夫禪，禪不能兼夫聖，以其間有公私之辨」，他不反對使用老、佛之言，認為儒、釋之分的關鍵在於「經世」與「出世」，也即「盡心」與「不盡心」。胡直強調，心學與力行不悖，認為心學不應受到指摘，但語心學而不力行則應受到指摘。在知行問題上，他雖恪守王守仁「知行合一」之旨，但宣稱真知必須躬行，認為「真知則無不行，真行則無不知」。所著有《胡子衡齊》等，後人輯為《衡廬精舍藏稿》三十卷、《續稿》十卷。

鄒元標[45]（1551-1624 年），字爾瞻，別號南皋，吉水人。九歲通《五經》，弱冠從胡直游，即有志為學。萬曆五年進士，觀政刑部。因上疏彈劾張居正奪情，被廷杖八十，謫戍貴州都勻衛。在萬山中與土著居，處之怡然。益究心理學，學以大進。張居正死後，召拜吏科給事中，劾罷禮部尚書徐學謨、南京戶部尚書張士佩。萬曆十一年，慈寧宮災，鄒元標上言時事獲罪，遂謫

45　《明史》卷二四三《鄒元標傳》；黃宗羲：《明儒學案》卷二三《江右王門學案八》。

南京刑部照磨，歷吏、兵二部。元標居南京三年，病歸。旋遭母
憂，裡居講學，主持吉水仁文書院，並講學於吉安青原會館、白
鷺洲書院及廬山白鹿洞書院。從游者日眾，名高天下。光宗立，
召拜大理寺卿。未至，進刑部右侍郎。改吏部左侍郎，未到官，
拜左都御史。鄒元標與趙南星、顧憲成三人，海內稱之東林黨
「三君」。後與馮從吾建首善書院，集同志講學，給事中童蒙請
禁之，鄒元標乃疏辨求去。詔加太子少保。天啟四年卒於家。崇
禎初，贈太子太保、吏部尚書，謚忠介。著有《願學集》、《鄒
南皋語義合編》等。

王時槐[46]（1522-1605 年），字子植，號塘南，安福人。嘉靖
二十六年進士，授南京兵部主事。歷兵部員外郎、禮部郎中、福
建僉事。累官太僕少卿，降光祿少卿。隆慶末，出為陝西參政。
張居正當權，以京察罷歸。萬曆中，南贛巡撫張岳疏薦之。萬曆
十九年，陸光祖掌銓，起貴州參政，旋擢南京鴻臚卿，進太常，
皆不赴。年八十四卒。

王時槐少時師從同縣劉文敏，及仕，遍質四方學者，自謂終
無所得。年五十，罷官，反身實證。其「透性」、「研幾」說頗
具特色，且論證縝密，辨析入微，高攀龍謂其「洞徹心境」。其
學以「透性」為宗，以「研幾」為要，隱含經世、踐履精神；其
為學路徑，仍是從靜坐入手，與羅洪先、聶豹等人大體相同；其

46　《明史》卷二八二《儒林二》；黃宗羲：《明儒學案》卷二〇《江右王
　　門學案五》。

學術思想內容，主要集中在修養論方面。所謂「透性」，即透徹明了什麼是「性」及如何把握「性」。他認為，性為「先天之理」，故不容言說，無法直接用力，只能通過「性之呈露」來把握。而「性之呈露」即「知覺意念」，「知覺意念」皆為「命」，故「修命」為「盡性之功」。「性」與「命」既相聯，又有區別，即「一而二，二而一者也」。以「透性」說為前提，他又提出」研幾」說。他強調，「學者終日乾乾，只是默識此心之生理而已」，此即所謂「研幾」。「研幾」的實踐要求是「慎獨」。他認為，學貴從收斂入，收斂即為「慎獨」。在方法論方面，王時槐深受佛學的影響，而在人生觀方面，則持批判態度。他指出：「大抵佛家主於出世，故一悟便了，更不言慎獨。吾儒主於經世學問，正在人倫事物中實修，故吃緊在於慎獨。」所著有《廣仁類編》、《友慶堂合稿》等。

劉元卿[47]（1544-1609 年），字調父，初號旋宇，繼號瀘瀟，安福人。游青原山，聞鄒守益孫鄒德涵等講學，乃入山與之談論。歸而研讀宋儒語錄。舉隆慶四年鄉試，次年會試，對策極陳時弊，語多激憤，主考者不敢錄。張居正聞而大怒，令有司加以申飭，且派人秘密刺探其行蹤。既歸，師同邑王守仁弟子劉陽，倡學鄉里。萬曆二年，會試不第，遂絕意科名，務以求道為事。後至浙謁徐用檢、耿定向，與之論學。二十一年召為國子監博

47　《明史》卷二八三《儒林二》；黃宗羲：《明儒學案》卷二一《江右王門學案六》。

士。擢禮部主事，疏請早朝勤政，又請從祀鄒守益、王艮於文廟，釐正外蕃朝貢舊儀。尋引疾歸，肆力撰述，有《山居草》、《還山續草》、《諸儒學案》、《賢奕編》、《思問編》、《禮律類要》、《大學新編》諸書。

　　鄧元錫[48]（1529-1593 年），字汝極，號潛谷，南城人。年十一從黃在川學。十五喪父，水漿不入口。十七行社倉法，惠其鄉人。年十九入縣學。及為諸生，游同邑羅汝芳門，銳然棄舉子業。又走吉安，學於諸先達。嘉靖三十四年舉於鄉，以母年高未參加會試。往吉安謁鄒守益、劉邦采、劉陽諸宿儒論學。後不復會試，閉門著述，逾三十年，五經皆有成書，閎深博奧，學者稱潛谷先生。休寧范淶為南城知縣時，極為器重鄧元錫。後范淶任南昌知府，於萬曆十六年入覲，推薦鄧元錫及劉元卿、章潢等人。南京祭酒趙用賢亦請徵聘，一如吳與弼、陳獻章當年的故事。得旨，有司起送部試，未行。二十一年，巡按御史秦大夔復薦，詔以翰林待詔征之，敦遣上道，甫離家而卒。鄉人私諡文統先生。

　　鄧元錫之學，淵源王守仁，但不墨守其說而有所發揮。時心學末流盛行，謂「學惟無覺，一覺即無餘蘊，九容、九思、四教、六藝皆桎梏也」。元錫力排之，故生平博極群書，而要歸於《六經》。所著《五經繹》、《函史上下編》、《皇明書》，並行於

48　《明史》卷二八三《儒林二》；黃宗羲：《明儒學案》卷二四《江右王門學案九》。

世。

除此之外，江右王門還有一批有名人物，或載《明史》，或入《明儒學案》、《儒林宗派》，或見於各地方志，限於篇幅和體例，茲不再列舉。

總而言之，江西王學傳人在傳承王學方面具有十分突出的貢獻，正是由於他們在理論上和實踐中維護和發揚王學，王學才賴以不墜。此外，江右王門中還有一值得注意的傾向，即從一開始，便受到禪學的深厚影響，尤其後期學者如王時槐、胡直、鄒元標等都深受佛學浸染。他們曾會聚禪宗名山吉安青原山論學，大都精究佛學，並有坐禪體驗。

第三節 ▶ 江西的「異端」思想家與「宋學中堅」羅欽順

一 顏鈞、羅汝芳與王學「異端」

「陽明學派，以龍溪、心齋為得其宗。」[49]同時，王學的異端也莫過於王艮所創的泰州學派。[50]《明儒學案》說：

---

49 《明史》卷二八二《儒林二》。
50 在《明儒學案》中，不同的「學案」有以地域，也有以人物來劃分，標準並不統一。而在劃分單個人物學派歸屬的問題上，則基本上以師門授受與學術思想的傳承為依據。此外，由於明代儒家尤其是王門學者中向不同的學者問學甚至從多人的情況甚為普遍，因此，若論學

陽明先生之學，有泰州、龍溪而風行天下，亦因泰州、龍溪而漸失其傳。泰州、龍溪時時不滿其師說，益啟瞿曇之秘而歸之師。蓋躋陽明而為禪矣。然龍溪之後，力量無過於龍溪者，又得江右為之救正，故不至十分決裂。泰州之後，其人多能以赤手搏龍蛇。傳至顏山農、何心隱一派，遂復非名教之所能羈絡矣……諸公掀翻天地，前不見古人、後不見來者也。**51**

其實，泰州學派在歷史上的影響，並不在於其宣傳和發揮了王陽明心學（在這方面，泰州學派不如王幾一派），而主要在於其發展了平民教育，提出了背離正宗儒學的「異端」思想，甚至

脈流衍與學派歸屬，又必須以最為重要的師門授受與思想傳承為標準。這是黃宗羲在《明儒學案》中所奉行的原則。從《明儒學案》的基本結構可見，黃宗羲顯然將泰州學派視為陽明的別派而非正傳。王艮同樣是親炙陽明，但其開創的學派卻沒有被黃宗羲列入王門，而是在《浙中王門學案》、《江右王門學案》、《南中王門學案》、《楚中王門學案》、《北方王門學案》以及《粵閩王門學案》這些被冠以「王門」的「學案」之外另立一《泰州學案》。就「浙中」，「江右」、「南中」、「楚中」、「北方」及「粵閩」這六個王門正傳學派而言，其主要代表人物大都來自該地區，但《泰州學案》的情況卻並非如此。其中，除了王襞傳後所附樵夫朱恕、陶匠韓貞和田夫夏廷美之外，正式作為學案的共十八人。可是在這十八人中，只有王艮、王襞、王棟和林春四位是泰州人士，其餘人物則分別來自浙江、江蘇、江西、廣東、湖北、四川、安徽。這顯然與以地域為劃分人物學派歸屬的標準不符。並且，不僅地域混雜，整個泰州學派內部的思想也頗不一致。其實，在六個「王門學案」之外別立一《泰州學案》，是黃宗羲的一項特別設計，既是為了劃分陽明學正傳與別派，又可以使陽明學盡可能免受當時思想界批評其雜禪的強勢攻擊。

51 黃宗羲：《明儒學案》卷三二《泰州學案·序》。

發展成為反抗封建壓迫的「異端」運動。其中，「赤手搏龍蛇」、「復非名教之所能羈絡」，被黃宗羲稱為「掀翻天地，前不見有古人、後不見有來者」的顏山農、何心隱，皆為江西吉安府人。二人加上徐樾、羅汝芳等四人，為泰州學派在江西的代表人物。其學術傳承系譜為：

王艮→徐樾→顏鈞→羅汝芳、梁汝元（何心隱）

泰州學派的學者大都不受傳統經典的限制，只憑自我之體悟而對經典進行發揮詮釋，並以此來立身行事，故往往輕視經典，蔑視權威。同時，泰州後學大都是平民學者，他們有急於拯救天下的願望，並以自我的努力來實現其理想。這在很大程度上破壞了禮教所規定的秩序，所以說「非名教所能羈絡」。從人格心態上講，泰州學派的突出特徵是：「赤手搏龍蛇」的狂者精神。其具體表現則是「思出其位」的進取意識與守道自尊的獨立人格。

王艮第一位著名的江西籍弟子是徐樾。徐樾[52]（？-1551年），字子直，號波石，貴溪人。進士，先後任禮部侍郎、雲南布政使。最初服膺陽明之學，曾於嘉靖六年十月在江西餘干拜見王守仁，得其點化，領悟而去。嘉靖七年、十年、十八年，三次在王艮門下受業，成為泰州學派的早期弟子之一。王艮謂其內人曰：「彼五子（指王艮的五個兒子）乃爾所生，是兒（指徐）乃

52　黃宗羲・《儒佸學案》，卷三二《泰州學案一》。

我所生」（蓋指傳道之得人）。王艮在考察徐樾前後達十一年以後，乃於逝世前授徐以「大成之學」（經過改造了的、平民能夠接受的孔孟之道）。王艮的次子王襞稱徐樾為其父「高第弟子，於父之學，得之最深」。嘉靖二十九年，徐樾任雲南布政使時，中土司詐降之計，戰死於沅江城下。[53]

顏鈞[54]（1504-1596年），號山農，永新人。二十五歲得聞陽明之學，閉關悟道。嘉靖十年離家游學，師從安福劉邦采，略無所得。十五年冬至京師，與趙大洲同至徐樾門下受學。顏鈞在徐門學習了三年，竟然得出儒、釋、道三教「原無分際」的結論，認為它們的特點「俱在口傳心受」。其後，顏鈞又到泰州安豐場向王艮問學。在徐樾和王艮門下問學四年之後，顏鈞返回江西，在南昌同仁祠會講，作《急救心火榜文》，招來一五〇〇多人聽講，盛況空前，其中有多人信從了顏說。泰州學派思想始公開傳入江西。

顏鈞為人行俠仗義。同門趙大洲因得罪權貴，受廷杖、下錦衣衛獄，又貶謫至廣西荔波縣為典史，顏鈞從北京一直護送其到廣西貶所。其師徐樾戰死疆場，顏鈞又往該地尋其骸骨歸葬。由於他有如此俠義心腸，故追隨者甚眾。在此後的時間裡，顏鈞往返於北京、滄州、河間、南京、南昌以及南直隸泰州、揚州、儀征和兩淮各鹽場講學，聽眾動輒數百上千人，所講全都關系百姓

53　《明史》卷三一四《雲南土司二》。
54　顏鈞：《顏鈞集》，卷三《自傳》，中國社會科學出版社一九九六年版。

溫飽、民間疾苦。

顏鈞在江西的弟子中，較得意的有南昌陳源。嘉靖二十五年，當顏鈞在江蘇揚州、泰州等地傳講王學時，陳源就投於門下。以後又跟隨顏鈞游金溪、南城、疏山等地。顏鈞講學，注重因材施教，曾對門徒說：「吾與若輩言從情耳，與惟德（羅汝芳）言從性，與本潔（陳源）言從心。」對羅、陳二人期許頗高。此外，金溪蔡爾學、安福歐愉、新淦朱泗以及吳煥文、龔月溪、曾守約、馬達、蔣廣、姜金玉、章瓚等都曾師從顏鈞門下。

羅汝芳[55]（1515-1588 年），字惟德，號近溪，學者稱明德先生，南城人。二十六歲時赴省城南昌鄉試落第，於是閉關臨田寺，靜坐澄心，久之而病心火。其時正值顏鈞倡講急救心火之論，即往訪之，一見投機。羅汝芳在顏鈞處聽講數十日，聞顏鈞「制欲非體仁」說，從此執弟子禮，師事顏鈞。顏鈞羈獄三年，羅汝芳多方營救，助其出獄。此後隨侍愈恭，至死不輟。羅汝芳於嘉靖三十二年中進士，知太湖縣，擢刑部主事。出守寧國府，以講會《鄉約》為治，後又補守東昌。遷雲南副使，悉修境內水利，轉參政。萬曆五年進表，講學於廣慧寺，朝士多從之。張居正惡其講學，以潛往京師的罪名勒令致仕。歸與弟子在江西、浙江、江蘇、福建、廣東等地講學，所到之處弟子滿坐，而他自己卻未嘗以師席自居。其著作今存有《近溪子文集》。

羅汝芳的學問境界是由繁瑣而簡易、由擾攘而清明、由執著

55　《明儒學案》卷三四《泰州學案三》。

而物我兩忘，其思想中最有特色的是「赤子之心」說。清初黃宗羲概述其為學宗旨及思想輪廓時說：「先生之學，以赤子良心、不學不慮為的，以天地萬物同體，徹形骸、忘物我為大。此理生生不息，不須把持，不須接續，當下渾淪順適。工夫難得湊泊，即以不屑湊泊為工夫；胸次茫無畔岸，便以不依畔岸為胸次。解纜放船，順風張棹，無之非是。」[56]羅汝芳在其著作中屢言「赤子之心」之重要，其學理基礎主要在於說明人性本出於自然，一片生機，赤子之心本身就是良知「無時無處而無所不知」的具體表現。而「赤子之心」在視、聽、言、動諸形色上見其性、見其良知，這就是赤子之良知的本來面目。

何心隱[57]（1517-1579 年），原名梁汝元，字柱乾，號夫山，吉安永豐人。心隱為學師事顏山農，是泰州學派的正宗傳人。但他既不同於王艮的自幼貧寒而粗識文字，又不同於顏鈞的早年木訥而至十九歲方忽然聰明開悟，而是「幼時穎異拔群，潛心經史，輒以遠大自期。凡耳而目之，皆知其為偉器」。並且在嘉靖二十五年中江西省試第一，具有充足的條件在仕途上求得發展。第二年，顏鈞自泰州返回江西，在各府縣講學。何心隱從顏鈞處「聞王心齋先生良知之學，竟芥視子衿，乃慨然曰：『道在茲矣』。遂師顏山農」。及門受學之後，何心隱返回家鄉，設聚和

56　《明儒學案》卷三四《泰州學案三》。

57　《明儒學案》卷三二《泰州學案一》；鄒元標‧《梁夫山傳》，《何心隱集》附錄。

堂，實踐泰州學派主張，化俗鄉里。嘉靖三十八年以罪充軍，從此開始流亡生涯。

在王門系統中，王艮以對王守仁「良知」說的平民化解釋另啟泰州學脈，偏離了王學正軌，而其門人在對「良知現成」、「百姓日用即道」的理解上同樣發生了歧異。這種分歧在王艮卒後變得愈加明顯，形成以泰州王襞、王棟等為首的正統派和與江西徐樾、顏鈞、何心隱、羅汝芳為首的狂禪派的對立。江西泰州學派的思想特色表現在如下幾方面：

第一，倡導自然人性論。儒家自孔孟以來，一直強調人的道德本性，而往往將人的自然要求忽略不顧，尤其宋明理學家，主張「存天理，滅人欲」，遏制人的自然欲望。即使王陽明致良知之說，也認為私欲是惡，強調在為善去惡上做工夫。泰州學派與程朱理學乃至王學正統的主要區別即在於承認人之欲望的合理性，倡揚自然人性論，這種傾向在江西派泰州後學中表現尤為明顯。徐樾將心、性、道、身合一，認為，道即性，性即心，心即身。「夫道也者性也，性也者心也，心也者身也，身也者人也，人也者萬物也，萬物也者道也。」在這個命題中，「心」、「性」既指人之道德本心（性），又包含了人之自然生理的需求，以性釋道，這就等於肯定了人性自然的一面，肯定了人之自然欲求的合理性。以身釋道，又將蘊涵了各種欲望的自然之身抬高到與道同尊的地位。這就使得宋儒以來高懸的道德本體開始與人們的日用生活貼近，逐步向自然心性本體轉化，開啟了顏、何一系標舉利欲的「異端」品格。不僅如此，徐樾還提倡順適人性自然，率性而行。謂「聖賢教來學，率性而已。」又指出率性而行即是

誠，即真實無妄，「聖學惟無欺天性，聰明學者，率其性而行之，是不自欺也。」為後來顏、何等人的純任自然天性和危言危行提供了張本。

顏鈞同徐樾一樣，也主心、性合一，「心所欲，性也。」這個「心」並非純道德意義上的本體，而是包含太多感性物欲的因素，因此欲仁是性，欲貨利也是性。欲仁是人的道德本性，欲貨利是人的自然本性。也就是說，人欲出乎自然。而且，作為道德本體的仁具有生生不已的特徵。萬化流行，各隨己性，這就是仁。從心性自然出發，顏鈞提出「制欲非體仁」說和「放心」說。認為理學家所謂存理滅欲、強制不起欲念並非體仁之方，很容易造成「心火」太盛，迷失本真之性。真正體悟「仁」的辦法是順適人的自然本性，「放心」而行。這個放心並非孟子所謂「遺失的本心」，而是「將名利之心，一切放下」。它是道德修養的工夫。順其自然、「從心所欲不逾矩」，這就是「致良知」之道，就是人之所欲達到的最高境界。制欲非體仁說和放心說是顏鈞思想中最具理論色彩的部分，也是他最為正統所詬病之處。

羅汝芳則用「赤子之心」來論證人性自然。他說：「天初生我，只是個赤子。赤子之心，渾然天理，細看其知不必慮，能不必學，果然與莫之為而為，莫之致而至的體段，渾然打得對同過。」赤子之心的根本特點，即是渾然無知，沒有受到後天見聞知識的熏染，所以其孩笑、啼哭、食乳、視聽等行為皆出於自然本能，是人之自然本性的流露。所以他說：「天之春見於草木之間，而人之性見於視聽之際。」他還以欲釋仁，認為赤子初生啼哭以戀母懷的自然欲求即是「仁」，「赤子出胎，最初啼叫一聲，

想其叫時，只是愛戀母親懷抱，卻指著這個愛根而名為仁，推充這個愛根以來做人，合而言之曰『仁者人也』。」如果由這個自然欲求再進一步推充，則人之感官物欲也是合乎仁道的。

何心隱乾脆指出，食、色、利、欲就是人的本性。他說：「性而味，性而色，性而聲，性而安逸，性也。」又說：「欲貨色，欲也；欲聚合，欲也。」人們對聲、色、美味、享樂的向往和追求是出乎自然、正當合理的，應當尊重人們的人性要求。因此他提出「育欲」之說，主張「乘乎其欲」。這是對宋明理學滅欲論的一個直接反動。

第二，言行之跡近於狂禪。狂禪之謂，最早可追溯至王守仁。陽明心學中就摻雜有不少禪學因素。這從陽明「心外無理」、「心外無物」及「四句教」法中即可見一斑。到泰州學派創始人王艮那裡，指認良知現成自在，當機指點，便已很有禪宗作用是性的意思。至泰州後學顏、何等人，更是儒、禪合一，在修養工夫上主張頓悟成聖，認為聖凡之別，即在是否明覺良知本然、日用即道；在實踐上則率任自然，危言危行，非名教正統所能羈絡。將王學之禪發展到狂的境地。

顏鈞認為心包萬物而無由識之，性無塵染，無須防檢。這與禪宗心體明淨、不著一物的觀念極為相近。禪宗講即心即佛，即性是佛，顏鈞也主張「率性而行，純任自然」，認為這就是行道。最能表現顏鈞狂禪傾向的是，他將這種從心所欲的理念完全轉化為一種行動綱領，在與人交往論學時毫無遮掩地表現了出來。比如他與人論學重領悟，「往往於眉睫間得人，玄悟稍遲鈍即詬訾」。即令與當時名儒講會，也毫不規束自己的行為，動輒

手舞足蹈。此外，顏鈞講學傳道的方式也很類似禪宗棒喝。據說他收徒，常常先要打弟子三拳，以此作為見面禮。以此看來，時人評價說：「鈞詭怪猖狂，其學歸釋氏。」並非無的放矢。而在顏鈞看來，儒、佛、道其實並無區別。

羅汝芳師事顏鈞多年，故其思想亦深深感染了狂禪習氣，一生學問，雜取儒、釋、道。王時槐評價說他的思想「於釋典玄宗，無不探討，緇流羽客，延納弗拒。」從他的「赤子良心」、「渾淪順適」說，我們就可以看出其中有很強的禪學傾向。羅汝芳認為，人生之初，即有不學而知、不慮而能的本性，即有赤子之心，這就是人的良知。人在後天只要不斷推廣和擴充這個出乎天成的良心本性，就能成聖成賢。由此證明人人皆有成聖的天性，這與禪宗講人人具有佛性是一樣的。如何推充這個本性？羅汝芳認為，無須象理學家們那樣刻意戒懼防檢、莊敬持守，只要順適當下，依自然而行即可。則日用倫常，無不是道，無不在體現和涵養這個本然之心。這一涵養工夫與禪學「擔水砍柴，無非妙道」毫無二致。

何心隱少負不羈之才，輒以遠大自期。及師事顏鈞，得聞其學，愈加狂放，常常恃其知見，狎侮當時名儒。及遭緝捕，逃住京師，還是狂性不減，逢人質難。最為著名的例子是他在見當時炙手可熱的張居正時，輕蔑地問張是否知道大學之道，由此招致張之嫉恨。

江西泰州學派諸人的狂禪化還表現在注重口傳心授，而不重立言著述，一方面這可能與泰州學者本身辭氣不文、不善論證及其學生們大部分出身低微、知識淺陋的因素有關，但另一方面又

與禪宗「不立文字」的傳統深相契合。

第三，積極有為於世，唱和名教人倫。從表面上看，泰州學者尤其是顏、何等人的言行具有極強烈的狂禪傾向，似乎時時處處與名教正統相背離。但就實際而言，其「危言危行」遠不像理學家所描繪的那樣具有破壞性，既不是「魚餒肉爛」，也不是「邪說倡道」。恰恰相反，他們都是一些極有救世熱忱、積極調和名教倫理、以化俗濟眾為己任的學者。

泰州學派中有些人一生以講學為事，無意仕宦。如王艮以講學聞名被屢次疏薦起用，但都謝絕不任，還教自己的兒子放棄舉業，繼承講席。而徐樾和羅汝芳則不如此，他們積極投入仕宦，歷官政府各部和地方臬台、州府。徐樾最終在雲南左布政史任上為國捐軀。羅汝芳在致仕回鄉後，仍聚眾講學，啟發市井智愚。他們都是事功派，不但政治上有所作為，在學術上對於泰州學術的推廣亦有不沒之功。

顏鈞處處表現出與名教正統相調和的努力。他不斷強調自己的學說是孔孟正傳，言行則是翊贊王化。如他在南昌張榜「急救心火」中說，他一生的學問專業是「耕心樵仁」、「承流孔孟」，而「救人心火」的宗旨就在於「以除糜爛，翊贊王化，倡明聖學。」另一方面，他的言論中充滿了名教倫常的說教箴勸。比如他作「箴言六章」，專意闡發聖諭六條。這六條是：孝順父母、尊敬長上、和睦鄉裡、教訓子孫、各安生理、毋作非為。這些說教與當時的名教中人並無二致。事實上，他早年在家鄉組織「萃和會」就是將這種教化付諸實行的重要表現。「鄉閭老壯男婦幾近七百余人」，聽其講學耕讀孝弟，眾皆「各透心性靈竅，信口

各自吟哦，為詩為歌，為頌為贊，學所得，雖皆芻蕘俚句，實發精神活機……眾皆通悟，浩歌散睡，真猶唐虞瑟僩，喧赫震村谷，閭裡為仁風也」。[58]黃宗羲說他「常欲有為於世，以寄民胞物與之志。」這種「安身運世」的理想最直接的體現就是他周流講學、振鐸天下的活動。顏鈞在南京講學時，曾聯合湛若水等人上書當政者，請廣開言路，尊隆學術。他有《寄在朝八老》詩：「經綸急務格君相，察問芻蕘先知仁，此亦安身運世策，市臣莫厭莽臣囂。」明顯地表現出「思出其位」、積極與世的熱心。

二　何心隱的「大同」思想與社會實踐

何心隱鼓吹「育欲」，言行狂放，在當時即被目為異端，後終死於講學。這是泰州學派由王艮式狂放走向後學「異端」的典型。

作為顏鈞的弟子，何心隱在對師說進行闡釋和發展的同時，更身體力行地實踐自己的理想。顏鈞一生只是求學、訪學、講學，未取任何功名，何心隱則是官學的學生，並且在全省的科考中名列前茅。但為了追隨顏鈞問學，竟放棄了功名、拋棄了仕途，所以自視甚高。當時的吉安府是文學、理學之邦，廬陵籍官員也多以學問著稱，但何心隱卻視如無物，時時挖苦、嘲弄。

何心隱繼承了泰州學派關於百姓欲望即為天理的思想，公開主張「育欲」，主張滿足人們對於味、色、聲及安逸等方面的欲

58　顏鈞．《顏鈞集》，卷三《自傳》。

望。與同時代其他的學者們不同，何心隱不但宣傳自己的學說，而且希望將自己的學說提供給社會，為百姓營造出能夠安居樂業、同享太平的樂土。王學對儒家經典首推《大學》，而《大學》要求修身、齊家、治國、平天下。何心隱自認為學術已足修身，遂從齊家開始實踐。但他所「齊」的家並非自己的五口小家，而是全族這個大家。他建造了一個「萃和堂」，也稱「聚和堂」，以聚結全族，並用白話語寫了《聚和率教諭族俚語》、《聚和率養諭族俚語》、《聚和老老文》三篇文章，從思想教化和生活所需兩個方面對全族提出要求，以共同遵守。何心隱自己身理一族之政，全族不分貧富貴賤，喪葬嫁娶，均統一操辦，賦稅徭役，全族共同負擔。全族人過起了有飯同吃、有衣同穿的「大同」生活。今日的學者們喜用「烏托邦」來形容何心隱們的理想，未免不近情理。因為何心隱並非只是停留在構想上，而是親身實踐，據說還「行之有成」。

當然，何心隱領著全族所過的「大同」生活，很大程度上靠的是他個人的智能、學術和人格力量，特別是祖上經商積累起來的家產為後盾。一旦家產不足以支撐，這個「聚和堂」也就難以維持下去了。幾年後，永豐知縣下令征「皇木銀兩」。這是額外之賦，何心隱寫信進行譏諷，知縣大怒，報告上司，定了一個罪名，將其下入獄中，聚和堂的「大同」社會也隨之土崩瓦解了。

這是一個看似偶然實則必然的事件。「皇木銀兩」之類的額外稅收無時不有。正德五年，王學的創始人王守仁為廬陵知縣時，上任伊始遇上的就是這類事情。當時的鎮守中官姚某行文江西布政司，凡生產葛布的縣份，必須在葛布上市時抓緊采辦上

貢，不生產葛布的縣份，也要根據原先田賦的多少，攤派買布銀兩。盡管王守仁將此事頂了回去，但全省、全國的知縣中又有幾個王守仁？凡上面有差派，理所當然是攤派給農戶，只要不中包私囊，或少一些敲詐勒索，已是好官了。可以設想，在何心隱領著全族過大同生活的那段日子，攤派已不在少數。但有兩個因素使得何心隱不能不提出異議。一、既然有自己的理想並力圖將其變為現實，何心隱就必然要和各種不同的思想和行為進行交鋒。而他那自負的個性，則決定他的交鋒方式不像羅洪先那樣心平氣和，而是冷嘲熱諷。二、何心隱的聚和堂是以家產及族產為後盾的，但家產及族產畢竟有限，既要對家族內部的貧困成員進行補助，又要應付官府的種種正賦雜稅及各種攤派，不免捉襟見肘、坐吃山空。何心隱僅僅為了維繫他的聚和堂的經濟來源，也必然要和官府發生衝突。更何況，這種全族「大同」的生活方式，不僅與當時個體農戶的生產方式不相適應，也與以小農經濟、個體經營為基礎的中央集權制度格格不入。

但是，牢獄之災並沒有摧毀何心隱實踐自己理想的決心，他在好友的幫助下逃出了囹圄，從此踏上了在更廣闊的範圍內傳播和實踐「聚和堂」理想的道路。他北上京師，南下道州，西至重慶，東至杭州，大半個中國都留下了他傳道足跡，並將湖廣武昌、孝感、竟陵作為長期講學之地。何心隱繼承了王學特別是泰州學派關注下層群眾疾苦的傳統，所到之處，漁夫樵父、句讀豎子，有問必答；士農工商、方技雜流，無不交接。他要帶著他們去尋找、去建立一個超出血緣、超出地緣，以四海為一家、以天下為方寸的大同世界。以家族為單位的小「聚和堂」已為地方當

局所不容，而以四海、以天下為單位的大「聚和堂」當然也就犯了更大的忌諱。

何心隱早年在北京即因學術思想的不同而得罪張居正。[59]萬曆時，張居正為推行政治改良，提出「尊主權、一號令」，並禁止講學。何心隱則不但在湖廣孝感、竟陵等地聚眾講學，更發布長文，號召「必講必學」。這使張居正更加不安，遂命前後兩任湖廣巡撫緝捕何心隱。而在此之前，即隆慶元年，顏鈞已因「誹謗聖學」、「有傷風化」被捕入獄，其時已六十三歲。萬曆七年將何心隱下獄致死的，是湖廣巡撫王之垣。一百年後，王之垣的曾孫、清代著名學者王士禛寫了如下一段文字：

何心隱在萬曆間，屢變姓名，詭跡江湖間，所脅金帛不貲。嘗游吳興，誘其豪為不軌；又與一富室子善，偕之數百里外，忽曰：「天下惟汝能殺我，我且先殺汝。」縋之湖中，取其家數百

59　何、張二人初次見面是在嘉靖三十九年，耿定力記述當時會見場面道：「乘會日，偕心隱突入座。心隱、恭簡南面，江陵北面，大興令吳哲與予西隅坐。恭簡故令二公更相品評。江陵謂心隱：『時時欲飛，第飛不起耳。』心隱氣少平，謂江陵：『居太學，當知《大學》之道云。』心隱退而撫膺高蹈，謂予兄弟曰：『此人必當國，殺我者必此人也。』」（耿定力《胡時中義田記》，《何心隱集》附錄）耿定力當時親自在場，所言當無大誤，而且還可證之何氏本人之言。他在《上祁門姚大尹書》中說：「因耿而與今之閣下張公太岳官司業時，講學於北之顯靈宮，即睹此公有顯官，有隱毒，凡其所講者，即唯唯，即不與之辯學是非，而即憂其必有肆毒於今日也。且此公退即對耿言：『元本一飛鳥，為渠以膠滯之。』然元亦即對耿言：『張公必官首相，必首毒講學，必首毒元。』」（《何心隱集》卷三）

金，然後縱之。其黨呂光者，力敵百夫，相與為死友。又入蠻峒煽惑，以兵法教其酋長。事聞於朝，先曾祖（王之垣）時為湖廣巡撫，捕之，獲於嶺北，置諸法。罪狀昭然。有御史趙崇善者，挾私憾，追劾先公殺心隱媚江陵。……崇善此疏，刻入《萬曆疏鈔》。或未詳何、顏顛末者，恐輒信之，聊復述及，以質公論矣。[60]

　　王士禎此文旨在替曾祖洗刷清議，開脫責任，自然要將何心隱說成十惡不赦。但即使如此，從這段文字中也可以看出，當時人們對於何心隱的認識便有分歧。東林黨領袖顧憲成評價說：「心隱輩坐在利欲膠漆盆中，所以能鼓動得人，只緣他一種聰明，亦自有不可到處。」而黃宗羲則認為：「非其聰明，正其學術也。」「心隱之學，不墮影響，有是理則實有是事，無聲無臭，事藏於理，有象有形，理顯於事。」[61]黃宗羲可謂知何心隱者。

　　何心隱的理想和實踐雖然最終失敗，卻在明代社會、在中國思想界點燃起一支火炬，給窮苦民眾以希望。從何心隱被捕開始至明政府將其「罪惡」公布在湖廣省城時，江夏市民及何心隱押運所過地區的人民卻表現出對何心隱極高的崇敬之意。據李贄所言：「方其揭榜通衢，列公罪狀，聚而觀者咸指其誣，至有噓呼叱詫不欲觀焉者，則當日之人心可知矣。由祁門而江西，又由江

60　王士禎《池北偶談》，卷一〇《談獻六·何顏偽道學》。
61　《明儒學案》卷三二《泰州學派·序》。

西而南安而湖廣，沿途三千餘里，其不識公之面而知公之心者，三千餘里皆然也。非惟得罪於張相者有所憾於張相而云然，雖其深相信以為大有功於社稷者，亦猶然以此舉為非是，而咸謂殺公以媚張相者之為非人也。則斯道之在人心，真如日月星辰，不可以蓋覆矣。」[62]如果說異端，則何心隱們只是統治者的異端，而視何心隱們為異端的統治者們，才是真正的異端——他們是人民的異端。而明代江西文化中的異端文化，卻是真正的民眾文化。其實，歷史上所有偉大的思想家，其思想在開始時大多都被視為「異端」。因為他們總是要挑戰傳統，總是因為代表人民的願望而為統治者所不容。

三　「宋學中堅」羅欽順及其學術思想

陽明學雖為其時學說思想的中心，但朱學在明代不僅始終處於官學地位，而且作為一種學術潮流亦貫穿始終，同樣產生了一批卓有貢獻的學者。從某種意義上說，正是由於朱學的存在、流變與激盪，方才有陽明心學的崛起與興盛。同樣，陽明學從產生之日起，其實就一直受到居於正統地位的朱子學的批評。學術思想的生命力在於交流和交鋒。

正德十五年六月，王守仁途經泰和，收到了一封與他論學的書信。[63]作者就是恰好在家的南京吏部右侍郎羅欽順。羅欽順與

62　《焚書》卷三《何心隱論》。
63　《王陽明全集》卷三四《年譜二》。

王守仁「道義之交深，文字之會密」，是當時王守仁在江西強有力的思想對手和論敵。

羅欽順[64]（1465-1547 年），字元升，號整庵，泰和人。弘治六年進士，官至吏部尚書、禮部尚書。他恥與議禮新貴張璁、桂萼同列，致仕後「裡居二十餘年，足不入城市，潛心格物致知之學」，「專力於窮理、存心、知性」。羅欽順無師無友，不群不黨，所學得自獨立思索，是一位具有獨立精神的思想家，始終保持一個獨立思想家的形象。例如，南豐李經綸反對王守仁、湛若水兩家心學，作《衛道錄》等「念時無知者，聞羅整庵著《困知記》，辨心性之異，以辟王、湛，大喜，上書以質所學。整庵方自貴重，懲兩家之聚生徒，各立門戶，故少所容接」。[65]其為學經歷了三個階段，早年信佛學，後轉而研究宋代理學，最終形成了自己的觀點。他把數十年苦心思慮所得一條條記錄下來，「少或數十言，多或數百言」，最後匯集為《困知記》。《困知記》陸續編成四集共六卷，其中，《困知記》上、下兩卷，成於嘉靖七年；《困知記續》亦上、下兩卷，分別成於嘉靖十年、十二年；《三續》、《四續》各一卷，最終完成於嘉靖二十五年。又有附錄一卷，收入重要書信若干篇。此外，尚有《整庵存稿》，《續稿》，為書信、詩文匯集。年八十三卒，贈太子太保，諡文莊。

《明史·儒林傳》說：「欽順潛心理學，深有得於性命理氣

64　《明史》卷二八二《羅欽順傳》。
65　《明儒學案》卷五二《諸儒學案中六》。

之微旨。」其學術建樹和貢獻主要有以下三個方面：發展了理氣論；率先揭批陽明心學的主觀唯心傾向；深入批判禪（佛）學的虛無唯靈之誤。

羅欽順是一個持唯物論觀點的思想家，其思想集中表現在他的理氣論中。黃宗羲說「先生論理氣最為精確」，羅欽順自己也對此頗為自負。在理氣關係上，羅欽順確認理為氣之理，非氣外別有一理，在氣的運動過程中便顯示出理。他說：「理只是氣之理。當於氣之轉折處視之；往而來，來而往，便是轉折處也。夫往而不能不來，來而不能不往，有莫知其所以然而然，若有一物主宰乎其間而使之然者，此理之所以名也。……理須就氣上認取，然認氣為理便不是，此言殆不可易哉！」[66]理氣對應於人便是心性，在天為氣在人為心，在天為理在人為性。這是在一定程度上對理氣論的程朱理學糾正和改造。

羅欽順對王守仁宣揚的「良知」論很是憂慮，對其「致良知」之說，也難認同。在《困知記附錄・與王陽明書》中，羅欽順主要針對王守仁的格物致知說提出了自己的反駁意見。他認為王學所謂「心之所發便是意」，「意之所在便是物」有兩點不明之處：一、「意」不能代替客觀事物；二、事物是否「正」或者說意念是否「正」了，需要有另外檢證，而王學一切皆以主觀意念為准，便失去了檢驗的意義。歸根到底，王學的「格物致知」說是禪學，因為它是「局於內而遺其外」。應該說，羅欽順對

66　《困知記》續卷上，中華書局一九九〇年點校版。

「致良知」論的批駁是准確抓住了陽明認識論的主觀唯心本質的，他所強調的「格物」的實踐性和過程性，也秉承了其本體論上的唯物立場。羅、王二人有過多次論辯，在嘉靖七年王守仁逝世後，這種交鋒未能繼續深入下去。「書未及達，守仁已歿」，羅欽順曾於《困知記》三續中嘆道：「於王（守仁）蓋嘗相與論文而未細讀，忽焉長逝，殊可惜也。」

羅欽順對佛學唯心本質的揭示和批判，也甚有見地。認為佛（禪）學之失，主要有二：一是不解世界實有，反而鼓吹虛無，二是「佛氏有見於心，無見於性」。這是說佛學對人的主觀精神能力（「心之妙」）有所認識，但對性理之本質卻茫無所知，卻反而將此「心之妙」當成性之本體了。也正因此「無見」，佛氏遂「以知覺為性」，沉湎於虛靈之妙而幻化客觀世界。羅欽順還指出禪學否定人的感覺器官與客觀事物相接而產生的感覺和印象（即所謂「意見」），從而把人和客觀世界隔絕開來，使人的思維活動停止。頓悟只不過是人的主觀意識的作用。

明初諸儒皆沿襲程朱余緒，到了明中葉學術開始出現了分化，尤其是王陽明心學問世後，程朱理學的一統天下被打破，史稱陽明「別立宗旨，顯與朱子背馳，門徒遍天下，流傳逾百年。其教大行，其弊滋甚。嘉、隆而後，篤信程朱不遷異說者，無復幾人矣。」[67]這屈指可數的「幾人」中，就有羅欽順，「時天下言學者不歸王守仁，則歸湛若水；獨守程朱不變者，惟（呂）柟

---

67 《明史》卷二八二《儒林傳》。

與羅欽順云。」在「心學」席卷之下，羅欽順宛如中流砥柱，依然堅守程朱理學，故被時人目為「宋學中堅」。

總的說來，雖然羅欽順思想的創造性不是很大，但其間也不乏新論和創意。在學術史上，羅欽順固守宋學，客觀上既繼續推進了程朱理學，又豐富了其時的學術形態。在「心學」勃興並成為「顯學」之時，羅欽順與之爭辯，客觀上阻止了心學的一統天下，故亦有利於學術的多元和繁榮。從學術思潮的演變大勢來看，羅欽順推崇「實學」的思想，實為明清之際實學思潮的濫觴。從氣本論的哲學發展來看，羅欽順的理氣一元論既上承張載，又下啟王夫之、戴震，有著承上啟下的重要意義。

羅欽順除了與王守仁辯論之外，還對陸九淵、陸學傳人楊簡（慈湖）、陳獻章和湛若水等人的學說發表了自己的評論。從整體上看，這些評論是對整個心學系統的評價與反駁，落腳點是維護和修正宋學。

明中期江西王學雖盛極一時，但傳承程、朱之學的仍不乏其人，羅欽順之外，較突出的還有弋陽汪俊、進賢舒芬、吉水李中等。汪俊之學，「以程朱為的，然以陽動陰靜，流行而不息者為心，而其不易之常體則性也。性雖空無一物，而萬化皆從此出。故性體也，心用也，渾然不可分析」。尤崇程子，指出朱熹在性理氣關系上不合程子之旨。汪俊與王守仁交好，而「不同其說」，批評王學「學不從窮事物之理，守吾此心，未有能中於理

者」。[68]舒芬曾與王守仁一起論學且「拜弟子」[69]，然而其學仍宗
宋儒，「以濂溪得斯道之正脈，故於《太極圖說》為之繹義」。
李中之學以為「學只有存養，省察是存養內一件。儒者之學，理
一而分殊，分不患其不殊，所難者理一耳」。[70]王守仁巡撫贛州
時，「檄（李）中參其軍事，預平宸濠」。而江右王門的羅洪先
則曾學於李中。

但是，明中期以後江西傳程朱之學者只是承其余緒，雖有羅
欽順獨守程朱而稍加變通，但終無重大影響，與心學相比，顯得
極為微弱。

第四節 ▶ 明代江西的宗教

一　明代的宗教政策與江西的宗教活動

佛、道二教是中國古代勢力最大的宗教，與儒家並稱三教。
佛教為外來，道教為自生。宗教的起源和傳播並非出於政治目
的，但其深入發展顯然又與政治密切相關。明初，太祖和成祖制
定的宗教政策，奠定了有明一代的基本宗教國策，這些政策對安
撫民心、鞏固政權和穩定明朝政局起到了重要的作用。主要內容

68　《明儒學案》卷四八《諸儒學案中二》。
69　王守仁：《王陽明全集》卷三四《年譜二》。
70　《明儒學案》卷五三《諸儒學案下一》。

包括：第一，通過優禮和重用僧人道士，修建寺觀，保護寺觀經濟，編刻宗教典籍等措施，對佛教道教實行保護和扶持；第二，通過將佛道地位排在儒家之後，設置系統的僧道衙門，編制僧道冊籍，限制僧道數量，對佛道加以限制和控制；第三，對民間廣為流傳的秘密宗教嚴行禁止，殘酷鎮壓。同時，對佛道二教採取調和（多少有些崇揚道教）的政策，使之皆隸屬於政治之下，以達到「陰翊王度」的目的。

明代江西的宗教活動，主要是道教，高道輩出；佛教也有一定的發展，出現了「曹洞中興」；天主教傳入江西並有了初步發展；彌勒教、白蓮教、明尊教、白雲宗等秘密宗教的活動與「作亂」，均遭鎮壓。如永樂七年九月，江西人李法良「行彌勒教流入湘潭，聚眾為亂」。明廷即命豐城侯李彬發江西、湖廣兵進行圍剿。李法良在安福縣戰敗，部眾喪失幾盡，本人逃至吉水縣被俘。李彬將其「械送京師」，被誅殺。[71]

道教

明代道教的發展可劃分為前後兩個階段。從明初到世宗嘉靖時，道教尚能得到統治者扶持，在上層社會有一定地位，特別是在明世宗時，受到尊崇，道教（主要是正一道）一度興盛。穆宗隆慶之後，道教與統治者的關系日漸疏遠，社會地位下沉，加之自身不能作出調適更新等原因，道教在組織規模、教理教義等方面走向衰微。

71　《明成祖實錄》卷九六，永樂七年九月辛未。

明代道教以江西貴溪龍虎山的天師道即正一道地位最尊（詳後），除歷代張天師外，明代江西還出現了幾位頗有影響的道士，均極富傳奇色彩。

周顛[72]，佚名，建昌人。據載，周顛於十四歲時得了一場大病，在南昌街上討飯，語言胡亂，人們都呼說他有顛。長大後有異狀，多次拜謁長官，曰「告太平」。其時天下太平，人們以瘋癲視之。陳友諒占據南昌後，周顛消失了；及朱元璋攻克南昌，周顛又出現了。朱元璋還金陵時，周顛也隨之前往。多次「告太平」，朱元璋不厭其煩，命人用巨缸蓋住周顛，周圍用大火焚燒。等到薪盡，抬起巨缸，周顛竟安然無恙，只是額頭上有些微汗而已。朱元璋見狀十分驚異，命寄食蔣山僧寺。後來僧人告狀，說周顛與其爭食，並且因此而生氣，已絕食半月。朱元璋好奇往觀，周顛竟然面無飢色。乃賜盛饌，食畢，閉空室中，絕其食一月。至期往視，仍如故。將士敬酒，喝了即吐；朱元璋與其共食，則無事。

朱元璋征伐陳友諒，臨行前問周顛：「此行可乎？」周顛答道：「可。」又問：「彼已稱帝，克之不亦難乎？」周顛仰首視天，然後正容說道：「天上無他座。」朱元璋遂攜之出征，大軍至安慶時，無風不便前行，遣人問之。周顛說：「行則有風。」於是命牽舟進，不久果然起大風，直抵小孤山。朱元璋生性多

《明史》卷二九九《方伎》；《明太祖實錄》卷一三，至正二十三年八月壬戌；《明太祖實錄》卷二二九，洪武二十六年七月辛未。

疑，恐其胡言亂語擾亂軍心，遂派人密切監視。船隊至馬當山時，周顛見江豚戲水，嘆道：「水怪見，損人多。」朱元璋聞言大怒，以為擾亂軍心，命將其投入江中。大軍至湖口時，周顛復來，且乞食。食罷辭去，不復見。朱元璋滅陳友諒後，派人去廬山尋求周顛，不見蹤跡，「因疑其仙去」。但到洪武中，已是「洪武帝」的朱元璋患熱症，幾乎不治，周顛卻又神秘出現，並獻上丹藥。朱元璋服了丹藥之後，當晚病愈。朱元璋感念周顛之恩，親自撰寫《周顛仙傳》記其事，並遣禮部官員往祭廬山，為周顛立碑。由於這段緣分，明朝歷代皇帝都對廬山眷顧有加。

張中[73]，字景華，臨川人，號「鐵冠道人」。年輕時因考進士不中，於是放情山水，遇見奇人，授以卜算之術，於是料事如神。朱元璋攻下南昌後，鄧愈極力推薦張中，遂召至並賜座。朱元璋不無得意：「予下豫章，兵不血刃，此邦之人其少息乎？」張中對曰：「未也。旦夕此地當流血，廬舍毀且盡，鐵柱觀亦僅存一殿耳。」不久，降將祝宗、康泰果然發生叛亂，正如張中所言。不久又說國中大臣有變，宜早加預防。後果然有平章邵榮、參政趙繼祖為亂，事發遭誅殺。

陳友諒圍困南昌達三個月之久，朱元璋親率大軍討伐。出發前召問之。張中說：「五十日當大勝，亥子之日獲其渠帥。」於是命一同前行，船隊至孤山時，無風不能進。張中乃以「洞元

73　《明史》卷二九九《方伎》；《明太祖實錄》卷一三，至正二十三年八月壬戌。

法」祭天，於是風大作，遂直達鄱陽湖，與陳友諒軍大戰。常遇春孤舟深入，陳友諒舟將其重重包圍，朱元璋憂之。張中說：「無憂，亥時當自出。」結果不出其所料。自朱元璋南京啟行至陳友諒被殺，正好五十天。南昌被圍時，明太祖曾問張中：「何日當解？」答曰：「七月丙戌。」而解圍正在這一天。張中為人狷介寡合，有人與其論道德倫理，即亂以他語，類佯狂玩世者。因時戴一頂鐵冠，故人稱「鐵冠子」或「鐵冠道人」。

趙宜真[74]，號原陽子，安福人，元末明初著名道士。幼喜讀書，博通經史百家言。長習舉業，因久病不愈乃棄儒入道。趙宜真師承多元，所傳亦多途：起初師事清微派曾貴寬，復師事吉州泰宇觀道士張天全，得長春北派之傳；並拜江南全真道士、內丹名家金野庵弟子李玄一為師，修白玉蟾南宗之學；還令當時瀕臨滅絕的道派之一「淨明道」再次復興，被奉為「淨明道」第四代掌教。初居江西廬山，四方聞其能致「雷雨之術」，不遠千里，雲集座下。元至正十二年，攜弟子西游，經湘、蜀，歷武當，謁龍虎山，訪漢天師遺跡，受到四十二代天師張正常的禮遇，山中道士多師事之。洪武初，還居江西於都紫陽觀，從事著述，弟子益眾。「或以詩歌以自警，猶以醫濟人。且絕交處，寡言笑，聞者願禮不獲，其高行偉操，為時所推。」封崇文廣道純德法師、教門高士。景泰六年，追贈「崇文廣道純德原陽趙真人」。著作有《靈寶歸空訣》一卷，《原陽子法語》二卷，《仙傳外科秘方》

74　陳銘珪：《長春道教源流》，《續修四庫全書》子部第一二九五冊。

十一卷。弟子眾多,最著名者為劉淵然。

在《原陽子法語》中,趙宜真多內丹闡發言論;而在《道法會元》中,則見其對清微法的考訂、闡述之文,對「淨明忠孝道法,間有闕文,悉加訂正」。故被清微派尊為一代宗師,又被淨明道尊為第五祖。趙宜真對淨明道法的補闕,訂正文字,現已不存。所論丹法,大體與全真北派一致,以「自性法身」為內丹之本,強調無為為采煉訣要。《原陽子法語・還丹金液歌》序云:「自性法身本來具足,不假於外,自然之真;其進修則攝情歸性,攝性還元,有為之為出於無為,無證之證所以實證。」同書《真道歸一偈》總括內丹大要,稱:「攝情還性歸一元,元一並忘忘亦去,囊括三界入虛空,粉碎虛空絕倫伍」。與禪宗思想頗相近似。其對清微法的理論,一本於宋元清微派。以內煉為基礎,以心誠感物為主旨,不重儀式上的繁文縟節。故謂:「清微祈禱本無登壇,……所謂天地大天地,人身小天地,我之心正,則天地之心亦正,我之氣順,則天地之氣亦順矣。故清微祈禱之妙,造化在吾身中,而不在乎登壇作用之繁瑣也。」又謂煉度之法,依賴於煉度者的內煉工夫,不依賴於儀節之繁瑣。

劉淵然[75],贛縣人。幼為贛州城祥符宮道士,後赴雩都從趙宜真學法,據稱能呼召風雷。洪武二十六年,明太祖聞其名,下令召見並賜號高道。永樂中,隨至北京。因性耿介而忤權貴,謫置龍虎山,又謫云南三年。仁宗即位後召回,賜號「長春真

75　《明史》卷二九九《方伎》。

人」，給二品印誥，地位與正一真人等，領天下道教事。宣德初，進大真人，七年乞歸南京朝天宮。卒年八十二，閱七日入殮，端坐如生。劉淵然道術高超，第四十三代天師張宇初法術為其傳授。為人清靜自守，故為歷朝所禮。他和趙宜真一樣，被淨明派尊為嗣師。

邵元節[76]，貴溪人，龍虎山上清宮道士。師事范文泰、李伯芳、黃太初，盡得其法術。寧王朱宸濠召之，堅辭不往。自嘉靖三年被召入京後，專司禱祀，極受嘉靖帝的寵信。因「雨雪愆期，禱有驗」，五年被封為「清微妙濟守靜修真凝玄衍范志默秉誠致一真人」，統轄朝天、顯靈、靈濟三宮，總領道教。六年乞求回龍虎山，世宗賜邵元節紫衣玉帶，並贈其父母以封號。下令建真人府於城西，以其孫邵啟南為太常丞，曾孫邵時雍為太常博士。每年撥給邵元節祿百石，以校尉四十人聽其使喚，賜莊田三十頃並蠲其租。嘉靖帝又遣宦官建道院於貴溪，賜名仙源宮，竣工後，乞假還山。還朝時，邵元節船才至潞河，嘉靖帝即命宦官迎入，賜蟒服及「闡教輔國」玉印。此後因「皇嗣未建，數命元節建醮……越三年，皇子迭生」，嘉靖帝更是大喜，多次加恩邵元節，並拜禮部尚書，賜一品服。邵元節八十歲生日時，嘉靖帝特為其題詩祝賀。邵元節逝世後，嘉靖帝遣宦官護喪回山，葬用伯爵禮，謚「文康榮靖」。[77]

76　《明史》卷三〇七《佞幸》。

77　按：「文康榮靖」是個不倫不類的謚號。《明史・佞幸傳》載，元節死

藍田玉[78]，南昌鐵柱宮道士。嘉靖時嚴嵩致仕歸家，至南昌，便到鐵柱宮延請藍田玉為嘉靖帝建醮祈福。正好御史姜儆至江西為嘉靖帝尋訪秘法，嚴嵩遂索藍田玉諸符籙進獻。藍田玉亦自以召鶴術托姜儆上奏，得召進宮表演法術，與萬象並以扶鸞術供奉西內，因得嘉靖寵信。

道教符籙派三大宗之一的江西閣皂宗，在明代也有微弱發展。閣皂宗由靈寶派繁衍而來，以閣皂山為本山，故稱。閣皂山距臨江府城六十里，「山形如閣，色如皂」，故名。相傳漢張道陵、晉丁令威、葛孝先皆嘗修煉於此。山有凌雲峰、漱玉泉、磨劍池，為道教第三十六福地。宋紹聖四年（1097 年）敕令龍虎山、茅山、閣皂山為經籙三山，三宗鼎立的格局形成。靈寶派自南朝陸修靜之後傳承不明，隋唐時在社會上默默無聞，直到北宋時才在閣皂山出現了傳授靈寶經籙的閣皂宗。兩宋時靈寶派道士編了幾部大型齋醮科儀全書，這時的靈寶道士多活動於社會底層，地位和影響都不及龍虎、茅山宗道士。到元代，該宗已衰微，但仍受元室尊崇，閣皂山萬壽崇真宮第四十六代嗣教宗師楊伯受封為「太玄崇德翊教真人」。閣皂宗在元以後並入正一道，進入明代，其地位被武當道取代，但仍傳承未絕。俞策《閣皂山志》卷上記：

後，禮部擬諡「榮靖」，世宗不滿意。又擬「文康」，世宗仍不滿意，命名為「文康榮靖」。世宗行事，多無規矩，此為一例。

78　《明史》卷三〇七《佞幸》。

壬辰（1352），山寨鄧克明之變，（崇真宮）台基殿俱毀。明洪武初，道士徐麟洲復之。十七年（1384），授五十代孫李半仙為靈官，王圭石副之。二十七年（1394），復授張尊禮為靈官。宣德初，授黃谷虛，第五十二代也。至八年（1433），歲飢，有采蕨者遺火，延毀宮觀。谷虛稍修復之，嗣後教典不墜。

可見至宣德年間，閣皀宗仍有傳緒，其教仍有傳播，但在此後即趨衰落，以致一蹶不振。上書接著說道：「至嘉靖中，積負虛稅，黃冠星散，僅存一二人。萬曆間，道士劉開化欲還舊觀，未果。」時「惟仙公殿、東岳殿、丹井尚存，其余琳宮絳閣，彌望丘墟矣。」至清代，雍正《江西通志》卷一一一記：「今所存者惟八景壇基，有碑記及詩。」祖宮凋零如此，其教之不振，可想而知。

此外，萬壽宮在明代的修建和興旺是道教發展過程中的亮點，也是國家制度與地方社會互動的結果。萬壽宮是為奉祀許遜而建，在南昌地區有兩座，一座在其結廬之地、南昌城郊約三十里處的西山，所以稱西山萬壽宮，又稱「玉隆萬壽宮」或「逍遙山玉隆萬壽宮」；另一座在南昌城廣潤門內翠華街，因宮前有許遜鎮壓孽龍的鐵柱，故稱「鐵柱（萬壽）宮」，又稱「妙濟萬壽宮」或南昌萬壽宮。

明代以前，因歷朝政府尤其是宋朝對道教的推崇和對許遜的褒封，西山萬壽宮和鐵柱萬壽宮都經歷了較長的發展和繁榮時期。入明以來，兩宮的地位與命運出現了很大的不同。鐵柱萬壽宮一向是江西省城官民崇奉許遜的重要祠廟，作為官方的祭祀中

心，在明代繼續受到朝廷和政府官員及士人廣泛持久的重視。先是明太祖朱元璋即位後過南昌首先到鐵柱宮，降御香，其後宋濂作《鎮蛟靈柱頌》。明英宗正統元年江西按察使石璞奏准將許遜、韋丹列入祀典。胡儼撰文說：「二君於民功德若此而報祀不舉，豈非曠典歟？按察使石璞舉二君之事封章，上聞，遂命禮官具祝冊……許君仍舊觀以祀，即鐵柱延真宮也。」[79]天順七年鎮守太監葉適與監察御史劉敬見許真君木刻舊像剝落，乃各捐俸資，鑄以銅像，並請大學士李賢撰《重新許真君神像記》。成化二十年，明憲宗命龍虎山第四十七代天師張元慶降香鐵柱宮。正德三年，朝廷賜金修建；十年，唐寅游宮，並作《鐵柱記》。因平華林「寇亂」時「真武」顯靈，嘉靖元年，遂在鐵柱宮附建玄帝殿，「崢嶸壯麗，美矣至矣」。二十六年，明世宗同時為西山萬壽宮和鐵柱宮賜額「妙濟萬壽宮」，並御書「神仙抬世」之句。四十五年鐵柱宮遭火災化為灰燼，世宗撥帑重修，江西巡撫陳文燭撰《許真君廟碑》。萬曆二十八年鐵柱宮又遇火災，致仕官宦新建張位號召在全省范圍募捐大修，竣工後張位撰《重建萬壽宮記》。這樣，南昌萬壽宮地位尊崇，聲名遠播，成為省內外乃至海內外萬壽宮的祖庭。

相比之下，西山萬壽宮的經歷則沒有如此引人注目。西山萬壽宮在元末被紅巾軍燒毀後，洪武元年曾有過一次小規模的修復。此後，由於政府推行嚴格的宗教政策，西山萬壽宮進入了一

79　胡儼：《許韋二君功德碑》，萬曆《新修南昌府志》卷二八《藝文》。

· 許真君降服孽龍,《警世通言》插圖,《古本小說集成》本。

· 許真君擇地西山,《鐵樹記》插圖,《古本小說集成》本。

個較長的衰落期。直至萬曆時期，政府宗教政策的松弛為西山萬壽宮的重新興起創造的有利條件。在官方、士紳、鄉黨、民眾這些不同利益集團的共同努力下，西山萬壽宮得到了全面的修復。這次重建始於萬曆十一年七月，萬曆十三年秋完工，是在一批地位顯赫的鄉宦如南昌萬恭，新建吳桂芳、張位、李遷、李遜，豐城李拭等人的推動下，採取募緣籌集資金的方式，由新建縣令主持完成的。重建西山萬壽宮的過程充分反映了這一時期地方權力體系的重新整合，其結果是在省城之外產生了一個新的宗教信仰和文化權力中心。西山萬壽宮的重新興起，是明後期江西極其重要的社會文化現象。[80]

佛教

明代統治者鑑於元代崇奉喇嘛教的流弊，轉而支持漢地傳統的佛教各宗派，因此喇嘛教在內地漸衰，而禪、淨、律、天台、賢首諸宗逐漸恢復發展。明初各宗派中，禪宗盛行，而以臨濟為最，曹洞次之。明初知名的禪僧有季潭宗泐、恕中無慍、呆庵普莊、見心來復、斯道道衍、雪軒道成、南洲溥洽等。中葉以後，則有楚山紹琦、空谷景隆、笑岩德寶、無明慧經、無異元來、永覺元賢、湛然圓澄等，各闡禪學於南北各地。

隋唐時期，江西是全國佛教傳播弘揚之要地。入宋以後，禪宗在江西的弘傳尤為興盛。至明代，禪宗臨濟久傳不衰，曹洞宗

---

80 參考李平亮：《明後期南昌西山萬壽宮的重興與地方權力體系的演變》，《江西社會科學》二〇〇三年第九期。

在江西得以中興。常忠法承河南嵩山少林寺小山座下，返贛後嗣法慧經，而後開法新城壽昌寺（今屬黎川縣）與廣信府永豐縣博山能仁禪寺（今屬廣豐縣），代相傳承，形成曹洞門下壽昌法系。洪斷諸緣於少林常潤座下得法後，振興雲居山真如禪寺（今屬永修縣），座下法嗣甚眾，弘傳於贛北、贛西一帶，形成曹洞宗下雲居法系。明亡後，一大批官宦名士遁入空門，聚集於贛中。吉安青原山與萍鄉武功山便成為佛法興盛之地。其中突出的有大然、藥地[81]等人。戒顯則弘法雲居山真如禪寺，所著《禪門鍛煉說》十三篇，至今仍有「禪門兵法」之譽。

　　明中葉曹洞宗少林法系中高僧輩出。小山禪師將法脈延衍於長江以南，師徒相續，連綿興盛，成為明中葉後曹洞宗的又一大法系，出現了佛教史上的「曹洞中興」。

　　常忠（1514-1588年），字蘊空，建昌府常氏子。少時習儒，稍長研究陽明良知之學。後出游鎮江，得季善和尚勸引，膺服佛法，於高度寺剃度出家。一年後，轉至少林寺參學。投小山禪師，久受鉗鎚。繼隨小山禪師改住北京宗鏡寺，服勤三載，深得玄理，得印可，為曹洞宗第二十五世。其後南下，返回建昌，起初在一僻處靜修，後至新城㠉山結茅習禪，長達二十餘年。期間，不與閒人接觸，獨與羅汝芳、鄧元錫二人交談「性命之學」。「間拈《金剛》、《圓覺》，發揮宗門大意，及舉向上事，

81　「藥地」即明末清初桐城方以智皈依佛門後的別號之一，此外還有「弘智」、「浮山愚者」、「愚者大師」、「極丸老人」等。

剖決良知，掃除知解，皆超出情見。」常忠有感於「當嘉、隆間，宇內宗風，多以傳習為究竟」，始說法傳徒，傾心調教，盡囊而付，使無明慧經成為繼其之後的一代宗師。其法嗣四人，以博山元來、鼓山元賢二系最盛。由此二系的蕃衍，使曹洞一宗在江西、福建、廣東三省與天童一系的臨濟禪形成對峙之勢。

慧經[82]（1548-1618 年），字無明，俗姓裴，撫州崇仁人。早年就有出家之志，到廩山從常忠修法三年，後隱遁黎川峨峰三年。有一天，因要移動一塊巨石，慧經及僧眾們怎麼挪也挪不動，後來大家一合計，終於用推的辦法將它搬動。由此慧經豁然大悟，於是口誦一偈：「欲參無上菩提道，急急疏通大好山。知道始知山不好，翻身跳出祖師關。」二十七歲時受具足戒，此後二十四年不出山，潛心修行。萬曆二十六年應鄉邑之請主持臨川寶方寺，經數年後將殿宇修茸一新，前來參學的僧眾愈多。隨後南游拜訪袾宏大師，到嵩山少林寺參拜菩提達摩碑塔。後又到北京、五台山等地參學。萬曆三十六年，移住新城壽昌寺，開堂說法，大弘曹洞宗風。十餘年中，廣收門徒，法嗣有博山元來、晦台元鏡、壽昌元謐、鼓山元賢等，皆成為明末著名的曹洞宗師，繼而形成壽昌一系。其門徒代相傳承，直至清末。門人黃伯端在《壽昌語錄序》裡說：「我明自從正、嘉以來，禪道中絕，先師乘悲願力應化閻浮，於是江西之宗旨始立。」慧經中興曹洞，世

82　釋自融：《南宋元明禪林僧寶傳》，卷一四《壽昌經禪師》，《四庫全書存目叢書》子部第二五五冊。

人評價甚高，被譽為「百丈（即唐代懷海大師）之後，一人而已」。[83]

慧經除潛心參禪修行、開堂說法外，對寺院的修建，對食用的自給也很重視，並親自參加體力勞動。他「增精進力，凡作務，必以身先，雖形枯骨立，不厭其勞。故不數年，百堵維新，開山若干，其佛殿、三門、堂廚畢備，四方僧眾聞風而至者甚多」。但自己則自奉甚薄，生活十分清苦。人們稱讚慧經「生平佛法，未離鑊頭邊也。四十年來，竟無一刻以便自安」。慧經用踏實刻苦的行動，實踐自己「鑊頭即佛性，佛性即鑊頭」；也就是「搬柴運水，無非佛事」。這種「農禪」者的本色，實在可敬可愛。其弟子劉崇慶在《壽昌和尚語錄序》中說，壽昌和尚（慧經禪師）「日惟隨眾作務，眾未及田，師已荷鑊先至，雖櫛風沐雨，亦無倦意」。門人元賢還說：「先師粗衣糲食，躬秉耒耜，年七十，未嘗暫輟。……蓋百丈之後，一人而已。」

慧經開堂說法，簡捷明了，不故弄玄虛。譬如提倡並強調「看話頭」，為「道眼未明」的「參學之士」指明了一條捷徑。為了突出看話頭的優越性，一口氣擺出了十個「不須」，看了話頭，即能大徹大悟，得大自由，徹底解脫，無論看宗、看教、游方、混眾、獨居都行。為了打破歷來參禪修行的神秘化、繁瑣化，慧經還對「心法」、「省悟」做出明確、通俗的闡述。

83　釋元賢：《永覺元賢禪師廣錄》，卷三〇《續言》。

　　元來[84]（1575-1630年），字大艤，號無異，安徽舒城沙氏子。少時習儒，十六歲於金陵瓦楞寺（一說瓦棺寺）聽講《法華經》而向佛。後到五台山出家習修，五年後，慕名參慧經禪師，見其貌似農人，遂未停留，便去福建白雲峰誅茅潛修三年，初得證悟。返壽昌寺，受慧經之囑，苦參深究「看藏身沒縱跡」之話頭，後見人上樹而大悟，得印可，授以心法，為曹洞宗第二十七世。此後，受師命為首座。後隱居於信州西岩祖印院。萬曆三十年，主廣豐博山能仁禪寺法席。入院之初，見道場荒廢日久，於是「誅茅為屋，僅足容膝，而禪律並行，蹶然興起」。至寺宇大體恢復之時，又改往福建，先後住建州董岩、仰山。天啟七年，入主福州鼓山湧泉寺。此時的湧泉寺，自明嘉靖二十一年遭火災以來，仍破敗不堪。元來率眾奮力振興，立規飭繩，四眾翕然。苦心經營至初見規模時，元來將其交付門徒住持，自己改往金陵天界寺。不久返回再主博山法席。元來二度主法博山，力弘曹洞法門，禪律並行，禪教兼重，並有所創新。

　　首先，元來主張「參禪須要立得心真，便頭正尾正，其間亦不顛倒。禪人若能以此持之以恆，方可修成正果。」認為禪人參學要防止誤入歧途，則更要識得病根始得。只有斷種種病根，總能得悟；只有認真能究話頭，總是正道。同時，元來也不以參究話頭而排除其它，主張在參究話頭的同時深入經藏。其次，元來主張「禪教融通」。認為「宗、教殊途，皆歸一致；都城趨入，

84　釋自融：《南宋元明禪林僧寶傳》，卷一五《博山來禪師》。

遲速不同。」以宗抑教，或是以教抑宗，「即是魔人」！宗與教非水火不容，兩者之間「宗乃教之綱，教乃宗之目，舉一綱則眾目張」。再次，元來在教誨學人認真參禪的同時，主張融會禪淨。在他看來，「禪、淨無二」。「禪、淨二門，非別立標幟。」這樣，元來以其獨到的禪修，奮力振興祖庭，聲名大振，「弟子益進，朔即燕都，南盡交趾，望風而至者歲以千計」。其門徒甚眾，如長慶道獨、雪磵道奉、古航道舟、瀛山智暗，皆成為明末至清代曹洞宗大師，弘法於贛、粵、浙、閩等處，後人稱之為慧經禪師壽昌一支的博山法系。有《無異元來禪師廣錄》三十五卷、《博山無異大師語錄集要》六卷等流傳。

慧經禪師另一高足——元謐（1579-1649 年），字暗然（一說闖然），號見如，南城胡氏子（一說南昌王氏子）。二十歲斷葷酒，至寶方寺，禮明鎧和尚為師，繼受具足戒。一年後返寶方寺，先為火頭，繼充維那，一夜在金棱峰坐靜，聞蛙聲而有省，述偈「虛空逼塞一蛙聲，大地含靈共一家。十字街頭新眼盾，自歌自唱哩蓮花」。得印可，為曹洞宗第二十七世。後游五台，再回寶方寺，眾請住持，辭之曰：「願終身居學地，不欲出世。」因而潛往福建建寧。三年後，歸住新城壽昌寺，執掌法席二十多年，力弘曹洞法門，多有建樹。修葺殿堂，豐裕常住。晚年獲悉寶方寺毀於火，又前往主持重建。同時重振新城龍湖禪寺。有《見如元謐禪師語錄》一卷傳世。

慧經禪師門下，除元來、元賢、元鏡、元謐等高徒外，還有真元禪師。真元（？-1638 年），號本寂，福建光澤鄧氏子。二十一歲投了空和尚出家，旋至云棲受具。不久，赴新城壽昌寺，

禮慧經禪師，隨侍三載，方獲印可，得承曹洞法脈。萬曆四十三年，入主吉安青原山淨居禪寺。數年之內，苦心經營，祖庭面貌煥然一新，為「重興青原中興祖師」。

又有諸緣洪斷和尚（1550-？），俗姓張，真定府 城縣人。幼失怙恃，年少屢求出家不成。十七歲時，禮崇效寺興陽為師。志崇淨業，請玉峰老師講四十八願。嘗留伏牛山廣悟莊，學《法華經》。過武當，上終南，復至峨眉，燃指及燃頂香，克苦參究。過南岳，遇大干師翁，付授大衣。圓戒於北京賓湖老師。二十六歲游南海。復至伏牛山，遇大方老師，發明楞嚴三觀。又上五台保山住靜。因看《黃檗傳心法要》，舉道明趁六祖公案，忽然有省。後邀入北京西山萬佛堂，住約十三年。受紫柏尊者之請，於明萬曆二十年荷策來復興毀於元末兵火的雲居山真如寺。先閉關三年，率眾「墾劈荊棘，誅茅縛屋」。跪誦華嚴，後得神宗之母資助重建道場。他費盡艱辛，歷時二十載，終於重新恢復了雲居祖庭，「雲居殿堂寮舍，凡叢林所宜有者，內外煥然。續置莊田，約計七處」。三十七年請古心和尚登雲居山，弘演昆尼。時千華三昧老人董勤戒席，江楚傾動。三十九年請革空法師講《楞嚴》諸經論。然功成不居。四十年，六十三歲的洪斷和尚決定離開雲居山，返歸北京萬佛堂。臨行前，因恐雲居山十方叢林演變為子孫叢林，遂將自己的所有徒屬共十人分別遣散到各地之小寺庵。另商請十方高僧住持常住，以公法化。一直到崇禎十年顓愚觀衡禪師來游雲居山，洪斷和尚高徒常慧禪師見而大喜，再三邀聘，以真如常住付托顓愚。自己仍退守祗樹堂，克己修行。顓愚觀衡禪師主持雲居法席後，清苦如淡，安貧如素，不事

外緣，身親畚插，乃大興雲居道場。[85]

　　洪斷和尚徒嗣甚眾，研究佛典有得。常元，於雲居山得諸緣禪師印可，授曹洞宗法券，萬曆四十一年率徒開法於敖陽（今江西上高縣）芭蕉園普慧庵，廣弘曹洞法門，並著《禪淨通別》、《華嚴法界圖》、《八乙識規矩補注》、《肇論物不遷解》、《懷淨土詩》等。觀衡顒愚（1578-1645 年），相繼主法雲居山真如禪寺、吉安青原山淨居寺，著有《楞嚴經懸談》、《首楞嚴經四依解》、《金剛般若略談》、《心經小談》、《集律常軌》、《禮佛發願儀》等。明清鼎革之際，藥地和尚皈依金陵天界寺覺浪道盛法師，主法吉安青原山淨居寺，有《冬灰錄》、《五位綱宗》、《青原愚智者禪師語錄》、《禪樂府》、《一貫問答》、《青原志略》等傳世。

天主教[86]

　　從明代萬曆年間開始，伴隨著學界習稱的第一波「西學東漸」的浪潮，眾多西方天主教耶穌會傳教士（簡稱耶穌會士）來華。江西是南北交通的樞紐，是北上的必經之地，這一特殊的地理位置使江西成為耶穌會士進入中國腹地時期重要的活動區域之一。耶穌會士進入中國初期，以江西為跳板，通向京城；教難時期，江西成為大多數傳教士的避難所，並且在避難期間，江西地

85　《雲居山新志》，中國文史出版社 1992 年版，第 101-103 頁。
86　參考吳薇：《明清江西天主教的傳播》，《江西師範大學學報》二〇〇三年第一期。

區的傳教事業也得到拓展，連續開闢了南昌、建昌、贛州和撫州四大教區。

意大利籍耶穌會士利瑪竇（Mathien Ricci）是中國內地天主教開教的創始人和主要代表人物之一。他在進入南昌之前，已在廣州、肇慶和韶關等地傳教十二年。萬曆二十三年至二十六年，利瑪竇在南昌定居生活了整整三年。比利瑪竇早幾年進入中國傳教的羅明堅（Michele Ruggieri）神父提出，耶穌會在華傳教的總策略應當是：小心行事，不驚動人民，首先取得士大夫的信任，然後打入宮廷。[87]利瑪竇嚴格遵循這一策略，在南昌期間廣泛接觸和結交士人和官員，取得他們的信任和支持。利瑪竇通過一個名叫王繼樓的醫生，結識了江西巡撫陸萬陔，得到了在南昌定居的權利。利瑪竇還結識了兩位居住在南昌的明朝宗室：建安王和樂安王，並說服了建安王全家入教。萬曆二十三年，利瑪竇寫出第一本中文著作《交友論》，獻給建安王。次年，又寫完巡撫所要的《西國記法》，這是一部論述如何記憶的書。這兩部書並不涉及傳教，但是它們的刊行，成功地擴大了利瑪竇的社會影響，使得南昌士紳對他刮目相看。利瑪竇本人的謙遜博學很快贏得了南昌上層社會的贊賞，幫助他在南昌立穩了腳跟。[88]此外，他還與白鹿洞書院山長、被《明史·儒林傳》稱為「江右四君子」的章潢及其門人弟子交往密切，向書院師生介紹基督教教義以及數

87　郭衛東：《中土基督》，雲南人民出版社二○○一年版，第 26 頁。

88　〔義〕利瑪竇、金尼閣：《利瑪竇中國札記》，中華書局一九八三年版（2005 年重印），第 283-285、293-307 頁。

· 利瑪竇與徐光啟像
這是一幅十七世紀的銅雕版
畫，藏於美國紐約貝特曼檔
案館（Bettmann Archives）。
利瑪竇與徐光啟是明末中西
叉化交流的典範，兩人情誼
深厚，合譯了歐幾裡德《幾
何原本》的前六卷。

學等科學知識。**89**

　　雖然得到了一些上層紳士和宗親的好感，不過利瑪竇在南昌
的傳教也並非一帆風順，「仍然經常與鄰居、以及別的人發生衝
突和矛盾……神父們有時被知識階層侮辱，有時又受到貴人的虐
待，也受到百姓的騷擾，有時甚至受到基督徒本身的騷擾」**90**。
盡管如此，他還是取得了可喜的成績。隨著天主教徒的增多和教
徒中地位顯赫者的支持，利瑪竇在南昌的根基逐漸牢固。萬曆二
十四年，利瑪竇在南昌建立了江西第一座、全國第三座耶穌會士
住院。利瑪竇在南昌期間的生活及活動具有非同尋常的意義。這

89　汾屠立編輯：《利瑪竇書信集》，臺北光啟出版社、輔仁大學出版社
　　一九八六年版，第 211、188 頁，轉引自肖朗《利瑪竇與白鹿洞書院
　　及其他》，《江西社會科學》二〇〇七年第一期。
90　〔葡〕曾德昭：《大中國志》，上海古籍出版社一九九八年版，第 218
　　頁。

不僅因為南昌是利瑪竇從廣東前往北京的中轉站，更為重要的是，利瑪竇在南昌的交友及其著述活動成功地擴大了其社會影響，使其確立的傳教路線和方針取得了前所未有的明顯效果。

萬曆二十六年，利瑪竇離開南昌，接替他主持南昌教務的是葡萄牙籍耶穌會士蘇如望（Jean Soeno），和他一起到達的是中國修士黃明沙（Francois Martinez）。他們在南昌取得了不錯的傳教成績，「第一年勸化一七十歲之老人入教，第二年受洗者有三百人，以後每年如是。新入教之人中有明朝宗親數人。」[91]利瑪竇離開南昌時，另一位葡萄牙籍耶穌會士羅如望（Jean de Rocha）被派至南昌，與蘇如望共同主持南昌教務。三十五年，蘇如望因病卒於南昌（另有一說，於三十六年逝世於澳門）。萬曆二十四年，葡萄牙籍耶穌會士李瑪諾（Emmanuel Diaz Senior）被派入中國內地，任韶州、南昌、南京三個住院的神父。三十四年，李瑪諾在中國修士丘良厚（Paeal Mendez）的陪同下，重返南昌傳教。入教之人日漸增多。李瑪諾曾在南昌為一明室宗親及其兄弟三人，以及親王之老母和婢女、侄女等六人洗禮。[92]

蘇如望和李瑪諾主持南昌教務時期，南昌的基督教發展並不順利，南昌士人曾攻擊李瑪諾，要把他趕出住所，攆出城去。因當時官員聞得利瑪竇在京受寵，出面保護，李瑪諾才避免被逐。

91　〔法〕費賴之：《在華耶穌會士列傳及書目》上冊，中華書局一九九五年版，第63頁。
92　〔法〕費賴之：《在華耶穌會士列傳及書目》上冊，第78-79頁。

萬曆三十六年，南昌修院開辦，當時只有修士四人，俱是外籍，輔佐教友三人，皆華人。主院事者為葡萄牙籍耶穌會士駱入祿（Jerome Rodriguez），次年，駱入祿他因病與李瑪諾共還澳門。其後，意大利籍耶穌會士王豐肅（又名高一志，Alphonse Vagnoni）與葡萄牙籍耶穌會士林斐理（Felicien da Silva）前往南京途中，曾在南昌居住四個月。

　　萬曆四十四年，爆發了天主教在明朝傳教史上的第一次大教案——「南京教案」。這是基督教入華後第一次大規模中西文化衝突表面化的標誌。在滿朝彌漫保守、排外的氛圍中，萬曆皇帝終於在十二月二十八日下旨：「王豐肅等立教惑眾，蓄謀叵測，可遞送廣東撫按，督令西歸。其龐迪峨（我）等，禮部曾言曉知歷法，請與各官推演七政，且係向化來，亦令歸還本國。」[93]明廷下令將在北京的傳教士龐迪我、熊三拔和南京的王豐肅、謝務祿（後改名曾德昭）一同押解出境。在這次教案中，被抓捕的教會人士共有三十四人，其中有包括江西教徒在內的中國教徒二十四人。但在韶州、南雄和南昌等地的傳教士均未受到這場風波的影響[94]，他們在中國教徒的掩護下隱蔽起來。教案發生後，耶穌會士的傳教活動受到一定限制。傳教士們建立互助團體，讓信仰虔誠的教徒去訪問和安撫其他人，神父們則定期去給他們做懺悔

93　《明神宗實錄》卷五五二，萬曆四十四年十二月丙午。
94　江文漢：《明清間在華的天主教耶穌會士》，知識出版社一九八七年版，第 32 頁

和行聖禮，但他們不能在一個地方停留過久。

羅如望偕丘良厚避難至建昌（今南城），和另外兩名神甫藏身於一位教民家裡。此後就在建昌傳教。建昌是南京教案之後，耶穌會士在全國建立的新駐地之一。此外，葡萄牙傳教士費奇規（Gaspard Ferreira）亦曾在建昌建築教堂一所。費奇規原在韶州傳教，因遭到當地儒生、僧人及城中居民反對，於萬曆四十年乘舟至梅嶺腳下的南雄縣城賃屋而居，設立禮拜堂一所。南京教案發生後，南雄官吏命其出境。崇禎三年前後在建昌建教堂一所，清初重回廣東。

「南京教案」平息後，南昌教務得到復興。葡萄牙人曾德昭（Alvaro Semedo，又名謝務祿）萬曆四十一年到達南京，開始傳教並研習中國語文。南京教案發生後，和王豐肅同時被捕，遣返澳門。四十八年重入內地，改名曾德昭，在中國步道和開闢新教區。這段時間曾德昭居住在南昌繼續傳教，在最繁華的街道修建了一座新教堂和房屋。此時，天主教已經以南昌為中心，開始向外輻射傳播。雖然天主教在南昌得到官府的支持，但是在省城以外的其他城市，地方官員對於天主教及其傳播不甚了解，仍然把它當作異類，並深懷恐懼，竭力排斥與驅趕。天主教在這一時期的傳播是一個由上而下的過程，它的傳教對象是從官員到百姓，其傳播途徑也是從朝廷到各省，再到各縣。

崇禎三年是教案平息後江西教務最繁榮的一年。這一年，謝貴祿（Tranquille Grassaetti）、努納爵（Ignace Nunez）、方德望（Etienne Faber, Le Fèvre）、杜本篤（Benoitde Mattos）、金彌格（Michel Trigault）、孟儒望（Jean Monteiao）、梅高（Joseph-Eti

Enned'lmeida）等人先後來到江西或途經江西。其中特別值得一提的是謝貴祿，他以南昌為主要駐所，赴各地傳教，並卒於江西。崇禎十七年清兵攻陷南昌，他與孟儒望、梅高遇「盜匪」，同時被害，其墓在南昌。

崇禎六年，天主教徒在江西召開了一次重要會議。這次會議由當時任中國視察員的葡萄牙耶穌會士班安德（André Palmeiro）主持。會議肯定了利瑪竇的傳教方針，將一六二七年嘉定會議上討論的中國禮儀、上帝或天主名稱等問題再次加以討論，並希望各國傳教士能和睦團結。[95]因為此前，龍華民（Nicolas Longobardi）任中國會督，在傳教觀念與方法上與其前任利瑪竇完全背道而馳，從而引起耶穌會內部產生分歧，導致後來引發中國禮儀問題的爭論。

從最早來華傳教的耶穌會士利瑪竇，到南京教案平息後在南昌振興教務的曾德昭，三十年來，通過耶穌會士的努力，天主教終於在江西扎下根基。究其原因，是在明廷與洋教尚未正式接觸之前，耶穌會士就已經利用各種手段打通層層關節，贏得了高級地方官員和上層紳士的支持。在利瑪竇到北京之前，他已經把基督教義傳播到了好幾個地方，南昌也成為他的根據地之一。繼利瑪竇之後，南昌教務得到很好的保持和推廣，盡管仍不時遭到一些百姓和士紳的攻擊，教務發展仍然很快。「南京教案」爆發後，包括江西在內的各地教會被禁止，傳教士被逮捕、驅逐，教

---

95 〔法〕費賴之：《在華耶穌會士列傳及書目》上冊，第202頁。

徒被抓，基督教受到打擊，但並不慘重；傳教活動受到限制，但並沒有斷絕。傳教士和教徒得以繼續生存下來，神父們避開中心城市，轉而向邊區小城市發展教務，羅如望和費奇規利用這個時機在建昌開教，加強了江西的天主教基礎。教案平息後，教士又恢復了正常的傳教活動。

二　龍虎山的「天師府」與「天師」

廣為流傳的「北有孔夫子，南有張天師」之諺，顯示了正一道（即正一嗣教，亦稱天師道）首領張天師的尊貴地位。而孔府「衍聖公」也一面拿著明朝的補貼，一面尊張壓朱：「天下只三家人家：我家與江西張、鳳陽朱而已。江西張，道士氣；鳳陽朱，暴發人家，小家氣。」[96]天師道的祖庭同時也是道教的祖庭，稱為天師府，在貴溪龍虎山，是歷代天師生活

‧明代張天師龍紐白玉印，江西省博物館藏。

起居之所和祀神之處。龍虎山風光優美，《水滸傳》第一回「張

96　張岱‧《陶庵夢憶》卷二《孔廟檜》。

天師祈禳瘟疫，洪太尉誤走妖魔」即以「千峰競秀，萬壑爭流。瀑布斜飛，藤蘿倒掛」這樣生動的文字描寫了這裡的景色。天師府有明代大書法家董其昌手書楹聯：「麒麟殿上神仙客，龍虎山中宰相家」，形象地表達了歷代天師既是「神仙」又是「宰相」的雙重顯赫地位，也闡明了天師道與歷代皇權的密切關系。

道教自元代中後期起，便逐漸歸為以符籙為主的正一道和以丹鼎為主的全真道。入明以後，明太祖制定了以儒教為主、三教並用的政策，加強了對宗教管理與約束，道教的發展受到了一定的限制。但在明代前中期，由於諸帝都不同程度地尊崇道教特別是崇奉正一道，故正一道仍能獲得較大的發展，其政治地位高於全真道。明太祖朱元璋運用道教來證明其君權神授，對正一道優禮扶持[97]。明成祖朱棣繼續尊崇正一道，尤其崇奉真武神，大建武當山宮觀，使武當道教興旺起來。明代諸帝中最為崇道的當數

---

97 在中國歷代開國君主中，以僧徒出身而最後擁有天下的，明太祖朱元璋堪稱千古一帝，是以其對宗教作用的認識、控制與利用多有其過人與獨到之處。明太祖對道教尤其是正一教及其道士厚望有加，其理由大致有三：一、道教人士對太祖的新政權一開始即表示非常擁護的態度，當太祖率師攻取江西時，張正常使來求見。周顛、張中等道家人物，更對太祖的平定群雄，有策算之功。加以「從龍」武將又多信奉道教，故而稍重之。二、道教雖亦有派別之分，但正一教的張天師為張陵後嗣，隱然為正統之領袖；不似佛教，宗派紛雜，無世代相傳的領導者。三、更重要的是，明太祖想藉以調和平衡二教。因為元代崇佛抑道，道教自元憲宗、世祖以來頗受摧殘，勢力不振，故太祖稍重之，使道教地位不致去佛教太遠，略收制衡作用。如此宗教勢力便無法超越政治之上，僅能做陰翊王度的工具，同時也解決了佛教與道教千年來的爭執及相互排斥的衝突。

世宗嘉靖皇帝，偏愛齋醮法術，故明代正一道較全真道興旺，正一道及其道士極受寵信。張天師家族在明代前中期所受的尊寵並不亞於宋元時期。世宗之後，統治者對道教的崇奉日漸降溫，加之張天師道流素質低下，對教理教制毫無建樹，又因愚弄權貴，擾亂地方，魚肉人民，引起了朝廷與各級官員的不滿，也失去了民間百姓的信奉，正一道逐步衰弱下去。張天師的衰落表現在府第、田產的破落和方術的日漸貧乏等方面。

對於歷代「世蒙恩澤」的「張天師」家族，《明史・方伎傳》認為：「張氏自正常以來，無他神異，專恃符籙，祈雨驅鬼，間有小驗。顧代相傳襲，閱世既久，卒莫廢去云。」天師所處的地位與境遇在不同的歷史時期是不一樣的，總的趨勢是由尊崇漸到衰微。

「天師」由龍虎山張氏世襲，明代「天師」的家族譜系[98]為：

張正常（第 42 代）→張宇初（第 43 代）→張宇清（第 44代）→張懋丞（第 45 代）→張元吉（第 46 代）→張元慶（第47 代）→張彥頨（第 48 代）→張永緒（第 49 代）→張國祥（第50 代）→張顯祖（第 51 代）→張應京（第 52 代）

張正常（1335-1378 年），字仲紀，號沖虛子，三十九代天

---

[98] 以下對歷代天師的述論如無特別注明，皆來自《明史》卷二九九《方伎》。

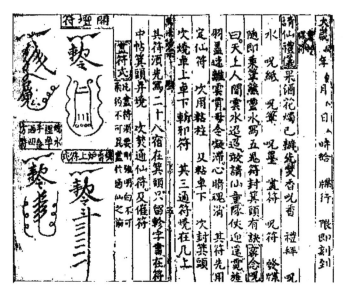

· 道教請仙禮儀及符策、咒語，見於《萬法歸宗》卷一，《續修四庫
全書》本。

師張嗣成之子[99]。自幼聰穎寬厚，性嗜老莊，言於仙道秘法尤
篤。元順帝至正十九年襲教。元末天師府一直忠於元室，對農民
軍和割據的群雄採取的是不合作立場，雙方也沒有發生過正面接
觸，至張正常開始與朱元璋軍建立關系。至正二十年，在尚未攻
下信州前夕，朱元璋便向張正常伸出了「橄欖枝」：「發御榜招

99　按：《明史·方伎》記張正常「漢張道陵四十二世孫也」，誤也。天
師名號的傳承遵循的是兄終弟及、父死子繼的原則，從張道陵至張正
常，其間多次發生兄弟子侄相傳之事。張正常生父即為三十九代天師
張嗣成。當年其父去世時，因其年紀尚幼，由其叔張嗣德繼位襲爵，
張嗣德又傳於其子張正言。至正十九年（1359），張正言去世，張正
常繼位。

聘信州龍虎山正一教四十二代天師大真人張正常」。張正常一改以往天師府臣順蒙元政權、不與割據勢力接觸的態度，明確站到反元的立場，果斷地投靠朱元璋，「遣使者上述臣順之意」。在朱元璋建立朱明政權的過程中，張正常發揮了其獨特的作用，成為創建新朝的有功之臣，從而也為天師道在明初的發展奠定了良好的基礎。洪武元年，朱元璋登基，張正常入賀，被授予正一教主、嗣漢四十二代天師、護國闡祖通誠崇道弘德大真人之號，領道教事，給以銀印，視二品[100]，位在玄教院和後來的道錄司之上，其下設贊教、掌書二幕僚。自此，龍虎山天師道教主由江南道教領袖一躍而為天下道教的教主和精神領袖。其後，明太祖以「至尊惟天，豈有師也？以此為號，褻瀆甚矣」為由，遂命去其

---

100 《明太祖實錄》卷三四，洪武元年八月甲戌。至於朱元璋革天師道教主的天師名號而改稱大真人，世人多以此認定是對天師道的打擊，實情則不盡然。關於天師名號的由來，雖說法不一，但「天師」的本意並非是至尊之師則可以肯定。朱元璋起初也是按習俗對正一教主以天師相稱，始革教主天師之號是在洪武八年八月。毋庸置疑，朱元璋對「天師」含義的新詮釋，反映了其性格和建立高度強化的專制皇權的要求。或許，他內心未必不知「天師」的本意並非如他所解釋的，但此一稱謂畢竟容易產生歧義。帝王尚稱天子，世間豈能還有一個天師？正是顧及到了這一點，才有革天師之號、以大真人為官方稱謂的事情發生。值得注意的是，朱元璋雖然革除天師名號，並未影響他對天師道的信任和使用。既以名號本身而論，一則「真人」也是天師道教主在歷史上延用很久的另一稱呼，再則由於歷史上朝野使用天師的稱謂已久，在朱元璋作此革除舉動之後，士夫縉紳與村野小民仍習慣延用以天師相稱，朝廷也從未橫加干涉或問罪。由此可見，入明以後，天師名號雖然在官方文書中消失了，但天師道及其教主在教徒中的聲望和影響並未因之而受損。

正一教主天師之稱，改天師印為真人印，爵位仍視二品。自後屢覲京師。洪武二年，修葺其府第，五年，加授永掌天下道教事。九年，遣使召見張正常，賜以金紋法文、玉圭佩法器之屬。敕代祀於中岳嵩山。洪武十一年，張正常逝世，明太祖曾親制祭文一通，遣使詣山致祭。

張宇初[101]（1359-1410 年），字子璿，別號耆山，張正常長子。張宇初幼時聰穎持重，「初嘗受道法於長春真人劉淵然，後與淵然不協，相詆訐」。洪武十年襲掌道教，十三年授正一嗣教道合無為闡祖光范大真人，領道教事。二月，特召入朝，命建齋設醮於南京紫金山和神樂觀。二十三年入觀，降敕重建大上清宮。二十四年旨諭禁私出符籙，賜龍虎山天師正一玄壇印，以俾關防符籙。建文帝奉行嚴厲的宗教政策，張宇初一度受貶，甚至還被「坐法，奪誥印」。明成祖朱棣即位，張宇初入賀至闕，得到信任和尊重，不僅恢復了誥印，還命其編修道教典籍，又兩次命其往武當山尋訪張三豐。永樂八年卒。著作有《峴泉集》、《道門十規》、《元始無量度人上品妙經通義》等。

張宇初博學多才，儒經釋典悉皆披覽，於道教教理、教義多有所發明。他順應時代思潮，「貫綜三氏，融為一途」，以心性統為三教之源。其學說的最大特點，是把道教與儒家的基本概念相互貫通。他對「太極」這一重要概念的解釋即深刻地體現了他

---

101 《明成祖實錄》卷一〇二，永樂八年三月辛卯。

・張天師拜見永樂帝圖，見於《三寶太監西洋記通俗演義》第九
　回插圖。

貫道儒、存體用、涵動靜，是為萬化之源、萬有之本的思想。[102]
將宋代諸儒的概念融為一體，統之以心，名之以道，既反映出他
的道教本位立場，也有將宋代理學心學化的理論傾向。從「心即
是太極」、「萬化本諸心」的觀點出發，張宇初提出道教修煉的
要訣在於「虛心淨慮，守之以一」的主張，又著力於整頓綱紀，
但收效甚微。

　　張宇清[103]（？-1427 年），字彥璣，別號西壁，宇初之弟，

102 張宇初：《峴泉集》，卷一《太極釋》，《四庫全書》本。
103 《明宣宗實錄》卷三〇，宣德二年八月戊辰。

永樂八年嗣教，誥授正一嗣教清虛沖素光祖演道大真人，領道教事。十一年七月，遣使賜太和山（即武當山）圓光圖，八月降敕命選有道行的道士為武當山住持。十三年詔修大上清宮，敕建真慶觀。十六年二月奉敕入京，賜冠服彩幣，白金百鎰，命祠玄帝金像於太和山。十八年十月命建普度大齋於福建靈濟宮。二十二年又奉詔醮於太和山。仁宗即位，入賀命修薦揚大齋，敕獎金玉法印、織文金衣等。宣宗改元，因劉淵然進號大真人，張宇清入朝時「懇禮部尚書胡　為之請」，遂得加封為正一嗣教清虛沖素光祖演道崇謙守靜洞玄大真人，掌天下道教事。宣德二年卒。

張懋丞（1387-1444 年），字文開，別號九陽，宇清之侄。宣德三年入覲，誥授為正一嗣教崇修至道葆素演法真人，領道教事。五年設醮於仁智殿，詔授上清宮高道為道錄宮。六年遣宦官護送還山。八年復入京，次年兩建醮壇以禳安。賜給部牒五百，俾度道士。英宗即位，曾敕建京都天師府於朝天宮內東北隅，遣禮官迎天師入府居住，命修升真大齋於朝天宮。正統二年至四年數次奉詔設醮壇行齋醮，六年又敕給部牒五百以度道士，九年辭歸，卒於龍虎山。英宗嘗詔遣禮部郎中諭祭。

張元吉（1435-1472），字孟陽，號太和，懋丞之孫。正統十年，年十一歲赴闕，誥授正一嗣教虛守素紹祖崇法真人，領道教事，「年幼，敕其祖母護持，而贈其父留綱為真人」。英宗念其幼孤，敕諭禁止族屬侵侮，勉勵進修用以承教，更授贊教掌書等

道官輔之，其祖母訓誨爾孫，勉學修行，加意保護。[104]頒賜《道藏》經一部安奉於龍虎山大上清宮。景泰二年二月，給部牒一千以度道士。景泰五年入朝，乞給道童四二〇人度牒。胡濙復為請，許之。尋欲得大真人號，胡濙為請，又許之。天順七年，再乞給道童三五〇人度牒，禮部尚書姚夔力持不可，乃詔許度一五〇人。自正統嗣教，歷代宗、英宗、憲宗朝，張元吉屢奉詔設壇建醮十數次之多。歷代皆加封賜，成化三年嘗加封為正一嗣教體玄崇默悟法通真闡道弘化輔德佑聖妙應大真人，掌天下道教事，給金鏤正一嗣教大真人府印並玉印，御書大真人府額。所受恩寵超過前代。成化年間，朝廷給張真人的待遇已超過衍聖公（孔子後嗣），陸容《菽園雜記》卷八記：「襲封衍聖公，每歲赴京朝賀，沿途水陸驛傳，起中馬站船廩給；回日，無馬快船裝送。而張真人往回，水陸起上馬站船廩給，且有馬快船之從。」但張元吉素凶頑，竟至僭用乘輿器服，擅易制書。且恃寵驕恣，橫行鄉里，強奪民女，詐人財物，私設牢獄，殺害無辜達四十餘人。成化五年事發後，押送至京，有司擬罪凌遲，絕其蔭封。但憲宗一再加以寬宥，由凌遲減至充軍肅州衛，僅三年即放回。刑部尚書陸瑜等請停襲，去真人號。憲宗未許，命仍舊制，擇其族人授之，有妄稱天師印行符籙者，重罪不貸。[105]元吉免死，杖一百，發肅州軍，尋釋為庶人。

---

104 《明英宗實錄》卷一二八，正統十年夏四月戊辰。
105 《明憲宗實錄》卷六六，成化五年夏四月戊午。

張元慶（？-1509年），字天錫，別號貞一，又號七一丈人，元吉之堂弟。博學能文，長於詩畫。成化十三年詔見，命宦官梁芳傳旨，聘成國公朱儀之女為配，成了明王朝的皇親國戚，地位較其先輩更加顯赫。制授正一嗣教保和養素繼祖守道大真人，領道教。二十年又重申禁道流偽造私出符籙，次年春曾特敕江西守臣重建大真人府第。孝宗弘治十四年冬，攜子入朝。次年陪祀長陵，准其所奏，以子張彥頨襲真人職事。四月，嘗命賫香達天目、葛仙、華蓋、武當、鶴鳴五山，回京後，詔遣通州衛指揮領官兵護送還山，並授其致仕書以榮之。成化、弘治年間，嘗屢奉詔命設醮，賜以金幣、玉帶、金冠、蟒衣等。正德四年終。

　　張彥頨（1490-1550年），字士瞻，別號淇然。弘治十四年，年十二隨父元慶入朝，允奏授正一嗣教致虛靜承弘化大真人，掌天下道教事。正德三年入賀，給度牒五百，敕內官會同江西鎮巡重修大上清宮。嘉靖元年，入賀召問。三年，詔聘安遠侯柳文之女為繼室，敕留都內外守備官陪往親迎。五年加封「懷玄抱真養素守默葆光履和」十二個字，准授上清宮道士為贊教、掌書。敕往禱於太和山，重建大真人府第，詔刻部查護上清宮田糧。十一年又敕修大上清宮，免其差徭。十六年禱雪內庭有驗，賜金冠玉帶、蟒衣銀幣，易金印。十八年准奏齊云山如太和山例，除宮道住持管理。嘉靖年間，敕天師書諭達數十次之多，齋醮和賞賜不斷。張彥頨知天子好神仙，遣其徒十餘人乘傳詣雲南、四川採取遺經、古器進，且以蟒衣玉帶遺鎮守中貴，為雲南巡撫歐陽重所劾，世宗不問。嘉靖二十九年逝世，世宗嘗敕文諭祭。

　　張永緒（？-1565年），字允承，別號三陽。嘉靖二十八年

隨父彥頨入朝，准嗣教襲爵，誥授正一嗣教守玄養素遵范崇道大
真人，掌天下道教事。詔聘定國公徐延德之女為配，命成國公朱
希忠、遂安伯陳鏸議行婚禮。三十一年召見，賜伯爵朝祭常服冠
帶之屬。次年又發內帑銀若干錠，敕建正一、靜應、祥符三觀
宇。三十七年，准加授道士金元清等為道錄司和齊云山玄天太素
宮、龍虎山大上清宮提點、提舉。後又特諭敕有司官員人等不許
違慢，禁約族屬人等侵害。四十三年建保國安民大醮於朝天宮，
次年又醮於內庭，有蟒衣玉帶之賜。嘉靖四十四年卒，世宗遣使
諭祭。

張國祥（？-1611 年），字文徵，號心湛，永緒之侄。永緒
無子，卒後，穆宗初政，崇道有所節制，吏部主事郭諫臣趁機上
奏請奪其世封。下江西守臣議，巡撫任士憑言：「張氏職名賜
印，不載典制，且隱稅逃役，公行吞噬，無功於世，有害於民，
宜永為裁革。」於是隆慶二年去真人號，授張國祥上清觀提點，
秩五品，給銅印。[106]神宗繼位，遂又獲恩寵。萬曆五年，張國祥
重賄馮保，始復故封，禮賚如舊，仍給還正一嗣教真人金印。赴
京陛見，神宗親書宗傳字額賜之，並賜以玉刻守傳之印。敕命重
修朝天宮內的府第以居，御書龍虎山真人府額。旨聘附馬都尉謝
公詔之女為配，凡六禮之費，悉出於內帑。留京十三年，恩賚甚
渥。還山後神宗賜修建上清宮殿宇，工程未完，無恙而化。

張顯祖（1587-1667 年），神宗敕改名顯庸，字九功，國祥

---

106 《明穆宗實錄》卷一六，隆慶二年正月壬戌。

之子，熹宗天啟六年襲教。繼理修建大上清宮事，兩年後方竣工。因志尚淡，樂事修煉，年未及艾，即不再掌教事，以印劍授子張應京。自號浴梧散人，別構靜室，名曰「梧綠軒」。每日與弟子探究先天太極及心性之學。著《三教同涂論》、《金丹辨惑》、《浴梧詩集》等。樂善好施，每遇災年歲飢，盡以所積賑濟鄰里。時土賊環窺上清，設法禦之，地方賴以安逸。誥封正一嗣教光揚祖范沖和清素大真人，掌天下道教事。享年八十一歲卒。

張應京（？-1651 年），字翊宸。崇禎九年襲爵，十三年入覲。時皇子得疾，奉召設壇祈禳，皇子病旋愈，賞賜優渥。十四年，帝以天下多故，召應京祈禱。既至，命賜宴。禮臣言：「天順中制，真人不與宴，但賜筵席。今應京奉有優旨，請仿宴法王佛子例，宴於靈濟宮，以內官主席。」從之。次年三月，張應京請加三官神封號，中外一體尊奉。禮官力駁其謬，事得寢。十七年，時貴溪與福建接壤處盜賊蜂起，禍及上清，募鄉勇禦之，以保境安民。清朝定鼎，張應京進京入賀，順治帝仍命其襲職掌天下道教，恩禮如故。

值得一提的是，在明代帝王的支持下，張天師家族前赴後繼，還編纂成了一部《道藏》。成祖即位初年，曾敕令張宇初重編《道藏》，永樂四年，又「敕真人張宇初，前者命爾編修道教書，可早完進來，通類刊版」。永樂八年，張宇初去世，詔令張宇清繼續主持編修。宣德二年張宇清卒，未完成。正統年間又繼續纂修，到正統九年始行刊版，十年竣事，命名《正統道藏》，計四八〇函，五三〇五卷。萬曆年間，神宗又命張國祥續補《道

・《道藏》卷首圖（下為局部）。
　明正統十年（1445）內府刊本，版畫，縱二十七釐米，橫一一八釐
　未，北京白雲觀藏。

藏》三十二函，一八〇卷，名《萬曆續道藏》。以上正、續《道
藏》共五一二函，五四八五卷，為保存道教文化作出了重要貢
獻。

江西文庫 A0701A23

江西通史：明代卷　第三冊

主　　編　鍾啟煌
作　　者　方志遠、謝宏維
責任編輯　楊家瑜

發 行 人　陳滿銘
總 經 理　梁錦興
總 編 輯　陳滿銘
副總編輯　張晏瑞
編 輯 所　萬卷樓圖書股份有限公司
排　　版　菩薩蠻數位文化有限公司
印　　刷　百通科技股份有限公司
封面設計　菩薩蠻數位文化有限公司

出　　版　昌明文化有限公司
桃園市龜山區中原街 32 號
電話 (02)23216565
發　　行　萬卷樓圖書股份有限公司
臺北市羅斯福路二段 41 號 6 樓之 3
電話 (02)23216565
傳真 (02)23218698
電郵 SERVICE@WANJUAN.COM.TW
大陸經銷　廈門外圖臺灣書店有限公司
　　電郵 JKB188@188.COM

ISBN 978-986-496-334-8
2018 年 1 月初版
定價：新臺幣 320 元

如何購買本書：

1. 轉帳購書，請透過以下帳戶
　 合作金庫銀行 古亭分行
　 戶名：萬卷樓圖書股份有限公司
　 帳號：0877717092596

2. 網路購書，請透過萬卷樓網站
　 網址 WWW.WANJUAN.COM.TW

大量購書，請直接聯繫我們，將有專人為您
服務。客服：(02)23216565 分機 610

如有缺頁、破損或裝訂錯誤，請寄回更換

國家圖書館出版品預行編目資料

江西通史 明代卷 ／ 鍾啟煌主編. -- 初版. --
桃園市：昌明文化出版；臺北市：萬卷樓
發行, 2018.01
　冊；　公分
ISBN 978-986-496-334-8 (第三冊：平裝). --
1.歷史 2.江西省
672.41　　　　　　　　　　107001900

本著作物經廈門墨客知識產權代理有限公司代理，由江西人民出版社授權萬卷樓圖書
股份有限公司出版、發行中文繁體字版版權。
本書為金門大學華語文學系產學合作成果。　　　校對：陳裕萱／華語文學系二年級